善財五十三參

鄭秀雄 著

【序】

圓滿菩薩行的路徑

海雲繼夢

善財童子五十三參是佛教思想中，非常有名的故事。在佛經中提到學佛者，遊行參訪的故事有兩個。一個是《大般若經》中的曇無竭菩薩，曇無竭菩薩是一再的向東參訪遊學。另一個是《華嚴經》中的善財童子，善財童子是一再的向南參訪遊學。這其中佛法的語言模式，告訴我們曇無竭菩薩在《般若經》中，是表示初發心的菩薩如日初出，位於東方，而般若空性的思想在佛法中，正如太陽之始出，居於基礎的地位。故曇無竭菩薩往東，正表示行者求根本智。

而善財童子往南，則在佛法的語言模式中，是表示太陽既出，依南向西，雖最終歸西，仍必須循南而進。故《大經疏鈔》云：「明正為南。」一南尋善友，正表示依正法而行。言善財所行皆正。此乃得根本智後，文殊師利教授利喜，童子依教南行而起妙用，始學後得智，直到彌勒樓閣，終證極果。雖證極果，彌勒仍是極唱發阿耨菩提之心的功德不可思議。表示極果不離初心。是故不論東向或南尋，表法縱有不同，意義是一樣的。

善財五十三參出自《華嚴經》，《華嚴經》全名為「大方廣佛華嚴經」，此經部帙龐大。我國共有三種譯本，即

一、晉譯六十華嚴，其中六十卷，善財五十三參名「入法界品」，占十七卷。

二、唐譯八十華嚴，其中八十卷，善財五十三參名「入法界品」，占二十一卷。

三、貞元譯四十華嚴，共四十卷，名《大方廣佛華嚴經入不思議解脫境界普賢行願品》，即善財五十三參的足本經文，皆言參訪過程。

在《華嚴經》（以八十華嚴為例）的結構裡，主要的兩個主題是佛的境界，與成佛之道。而善財五十三參的重點就在成佛之道上，在這部分又分兩個方向，第一是成佛的基礎，這是般若空性的部分，《華嚴經》稱這部分是屬於自受用法樂智，在經文中是四十《華嚴》的前四卷經文，又稱本會，即是在文殊師利菩薩處所學到的。

第二是成佛的必要條件，即是菩薩行、菩薩道，也是經中善財童子每參必提的「我已先發阿耨多羅三藐三菩提心，而未知云何學菩薩行，云何修菩薩道？」《華嚴經》稱這部分為他受用法樂智。它占了後面三十六卷經文，又稱末會，即是過一百一十城參訪五十三位善知識的修學過程。

菩薩行、菩薩道是華嚴思想中，所特有的實踐守則，它與任何宗教，乃至佛教中的部分宗派，那種厭棄世俗、求生他方天國的思想，完全不同。在這部分，華嚴思想特別重視今生的力行與兌現。這種實踐於今生，而又企求人生止於至善的生命境界，是非常符合中國人生哲學的理想目標。尤其是那種生生不息的人生觀，更超乎中國的實踐哲學。

在五十三參中，化除了種種的對立，其心胸境界之寬廣誠然無可倫匹。如化善惡為一體中的勝熱婆羅門、甘露火王、婆須蜜多女等的貪、瞋、痴，皆可轉化為無上菩提。又如化邪正為一體的大威猛聲仙人、遍行外道等亦可化邪為正。又如內外一體的長者、居士等與比丘、比丘尼皆可為善友。另長幼一如的童子、童女等，以及善知眾藝童子的師徒等，皆可知五十三參中，處處彰顯圓融的法界性德。

五十三參中若欲略述其要尚不可得，何況廣論其中妙意無邊。此中略提觀自在菩薩章的地位，以彰其殊勝。

觀自在菩薩是五十三參中的第二十七章。二十七是五十三的中位數，也就是五十三參的核心，所以觀自在菩薩或稱觀世音菩薩，在《華嚴經》中，仍有相當重要的地位。在這之前的二十六參，法勝偏多，自受用故；在這之後的二十六參，利他偏多，他受用故。

至五十一參，彌勒菩薩處，表六位行法圓滿成佛故，藉未來佛表童子修學成就故。又感恩故勸返根本上師，因此參文殊師利菩薩。文殊菩薩以重示普因，必一成一切成，須證普賢無盡妙覺，法界中無所不在的體性，故勸逕參普賢菩薩。因此在普賢會上盛讚十大願王，以況華嚴境界的無盡。

五十三參這部分，在華嚴思想的領域裡，被區分為「依人證入成德分」，即四科（信、解、行、證）中的「證」，也就是《華嚴經》中所一再昭示今生必成的信念，舉善財童子為例，說明如法奉行，則一生必證、必成的實例。華嚴思想也因此而被稱為「行證法門」。

今佛光文化事業有限公司諭知，鄭秀雄居士的大作《善財五十三參》擬重版付梓，邀文潤飾其首，臚列數語，盼能拙文增輝，不辱斯作為禱。

一九九九年元月六日

目錄

緣起

有風，萬里無雲，東方剛剛出現魚肚白，福城東方的莊嚴幢娑羅林大塔廟前的廣場上早已擠滿了人，這些人雖然都是從不同的地方來的，但是大家所懷著的一顆聞法的虔誠心卻是相同的。

這是一個殊勝的法會，是千載難逢的機會，因為今天大智文殊菩薩要到這裡來說法，難怪一大早許多人都趕了來！

「來了！來了！」不知道發自誰的聲音，人們可見到文殊師利菩薩，全身放出威光，遍照廣場上的大眾；他以大慈的光芒，讓大家感受到清涼；以大悲的光芒，使大家樂於聞法；以智慧的光芒，使大家心悅誠服，智慧大開。

人們，可聽到文殊菩薩以廣大無礙的辯才，演暢不可思議的妙音；人們屏息著，集中精神聆聽著。

風，依然輕拂；光，依然和煦；法音靜靜地宣流。

驀然，在一片歡樂聲中，法音戛然而止。

於是法會結束了，但在充滿著歡喜讚歎聲中，人們依然久久不忍離去。

尤其是在座中的善財童子，聽了文殊菩薩的妙法，內心的激動，始終沒有平復過。

太感動了！實在太感動人了！原來佛法是這麼地不可思議，想到人身難得今已得，佛法難聞今又聞，心裡更加的欣喜，也更堅定進一步去參究佛法的決心。

誠然，能夠聽聞佛法的人，是需要有相當大的福報的。而這位善財童子，當然自身更是具有相當大的福報，因為他在過去世中就已經供養過無數十方諸佛，深植無量的善根，勤修菩薩道，樂於親近善知識。由於這些福報因緣，使他出生的時候，在屋子的周圍，突然湧出許多寶物與光明，無可置疑的，父母請來的善相師，便將他取名為「善財」了！

文殊菩薩了解善財童子已經立下勤求菩提大道的決心，很高興地對他勉勵了一番。

善財童子對菩薩的慈悲，由衷地生出感激，他不禁走向前去，潸然淚下著說：「慈悲的菩薩，弟子長久以來，淪於六道，昧於業障，雖然發心修學菩薩道，仍然不能證得，但願您能告訴我，一個發心學菩薩道的人，應該怎麼樣去學菩薩行，修菩薩行，以達圓滿的普賢行呢？」

文殊菩薩聽過善財童子這一番懇切的話後，喜悅地說：「善男子，你一心向道的心，是令人歡喜的，能發菩提心的人已經是不容易了，發心以後，能更進一步勤求菩薩行，這又更難了！」

「善男子，你說你要學菩薩行，修菩薩行，以達圓滿的普賢行，那就應該先從參訪善知識著手，唯有去參訪許多善知識，才能幫助你了解怎麼樣去完成你的願望。」

「但是在你啟程之前，我要告訴你的是，參訪善知識不可以產生疲懈的心，不可以產生厭足的心，對於善知識的教誨皆應隨順，對於他們的善巧方便，勿見過失，妄加批評，因為菩薩為了普度眾生，所使用的善巧方便，是隨著眾生的根器而有所不同，這些並不是一般凡夫用膚淺的眼光，所能了解的。」

「去吧！南方有一個國土名叫勝樂園，那裡有一座妙峰山，山上有一位德雲比丘經常在那兒徐步經行，你可以去參訪他吧！」

善財童子聽完了文殊菩薩慈悲的指示，滿懷欣喜，眼中充滿喜悅的淚珠，以無限虔誠的心向他頂禮膜拜，然後辭別了菩薩向南方走去。

第一參

德雲比丘

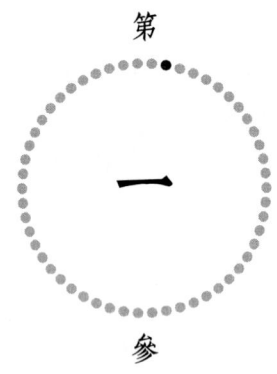

勝樂國的妙峰山，是一座遠近馳名的高山，因為這座山實在太高了，終日瀰漫著雲霧，遠遠望去，只見整座名山，墮於氤氳之中，要想尋找處在山上的人，真有「只在此山中，雲深不知處」的感覺。

善財童子這天到了妙峰山下，他披荊斬棘，開始登山。經過了數日，走遍整座山上的每一個角落，卻看不到他所要參訪的人。

到了第七日，終於在距山不遠的別峰，見到了正在徐步經行的德雲比丘。

慈眉善目的德雲比丘，看到正在向自己頂禮右繞的善財童子，心裡非常歡喜，打過招呼後，善財童子便說：「慈悲的聖者，請您告訴我，一個行者應該如何學菩薩行，修菩薩行，以達到圓滿的普賢行。我聽人家說聖者很能循循善誘，希望能教我！」

德雲比丘讚歎著說：「太好了！善男子，你一心想要知道怎麼樣去學菩薩行，真是甚為難得，現在我就將我所體會的經驗告訴你吧！我所修行的法門就叫做『智慧光明普見法門』。所謂智慧光明普見法門，也就是要大家能夠至心念佛，要念到口不離佛，佛不離口，念念從心起，念念不離心，當這個時候，眼前清淨，智光照耀，能使諸障遠離，而住詣十方諸佛國土，恭敬供養一切諸佛，也只是在一念之間就可以完成了。」

善財童子說：「聖者說得甚是，但是一個行者要怎麼樣去堅定自己的信念，來增進念佛的功效呢？」

「你問得好呀！善男子，一個念佛的人，要常常憶念諸佛的偉大，及佛所成就的種種功德，以增加堅定的信念。」

德雲比丘接著又說：「善男子，一個行者如果能夠至心念佛，隨著心裡的堅定信念，便能見到諸佛現種種身，現種種佛剎，現種種神變，放智慧光，轉殊勝法輪，而與諸佛同在。」

「善男子，如果你要對諸大菩薩的各種念佛法門，以及他們的諸大功德行作更深入的了解，那麼就再向南方去吧！南方海門國的海雲北丘，他會進一步告訴你的！」

第二參

海雲比丘

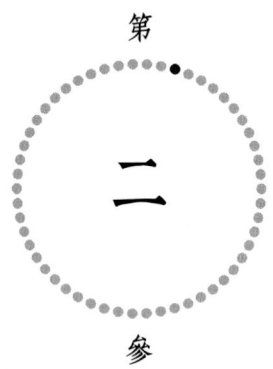

懷著一顆虔誠的心去參訪善知識的善財童子，走了好多好遠的路，這天到了海門國，見到海雲北丘，向他頂禮著說：「聖者，我已經先發了菩提心，想要進入無上智海，但不知道要如何去修學，才能達到這個境界，您能告訴我嗎？」

海雲比丘微微笑著說：「善男子，你真發了菩提心嗎？」

善財童子說：「是的，聖者，我是真的發了菩提心。」

海雲比丘說：「好的，一切眾生，倘若不種善根，那他就不能發菩提心了！一個人要能做到普遍地種下他的善根，廣大他的福德，修養他的身心，遇到善知識能盡心侍奉，而不疲勞厭倦，並且慈愍一切眾生，以及喜歡觀察如來境界，那他就能發菩提心了！」

「善男子，所謂發菩提心的人，就是能夠發大悲心，普救一切眾生；發大慈心，把一切大地的眾生視如自己，和自己處於平等的地位；發安樂心，使一切眾生能滅除苦惱；發饒益心，讓一切眾生遠離所有的惡法；發哀愍心，使有恐怖的人，能獲得守護；發無礙心、廣大心、無邊心、寬博心、清淨心、智慧心，使有情眾生捨離一切障礙，遍滿一切法界，能在虛空中任來任往，並能看到一切諸佛如來，對於三世諸法能不予違背，因為他們都已獲得如海的智慧。」

「善男子，我曾住在這個海門國十又二年，在這十二年中，我曾不斷地觀察這個大海的廣大無量，它能包容一切眾生的所作所為。」

「善男子，每當看到這種情形，就會想到世間上的萬事萬物還有比它更廣博、更無量、更深長、更特別的嗎？當這時，我看到這個大海底下，有一朵巨大的蓮花時時出現，蓮花上面有一位如來結跏趺坐，同時伸出右手，摩我的頭頂，為我演說普眼法門，開示一切如來境界，顯發一切菩薩諸行，闡明一切諸佛妙法；這時我感覺到一切法輪都在這裡旋轉不已，憑著它能清淨一切諸佛國土，摧毀一切異道邪說，消滅一切魔軍魔將，使一切眾生生歡喜心，照澈他們的心行諸根，使他們豁然開悟。」

「善男子，其實我跟從這位如來受持普眼法門，至今累計已經一千二百年了，在這一千二百年中，如果有人來向我求法，我無不樂意將自己所知所證一一告訴他們，使大家獲得無上的法樂。」

「善男子，如果你還要作進一步的了解，那我介紹你再向南方走去，經過六十由旬的楞伽道邊聚落——海岸國善住比丘那裡向他請教！」

聽完了海雲比丘所說的妙法，善財童子心裡萬分的喜悅，便向他恭敬地頂禮辭退而去。

第三參

善住比丘

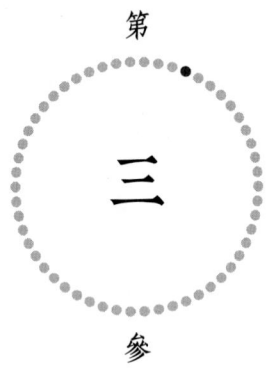

不知道經過了多久，一心求法的善財童子，這天走到了楞伽道邊的海岸聚落，可是找了很久，也問了好多人，誰也不知道善住比丘住在哪裡。

有一天，一位白髮皤皤的老年人告訴善財童子說：「你要見善住比丘？他沒有一定的住所，可以說是無所不住，無所不在！就看你有沒有這個機緣能夠見到他。」

善財童子是有這個機緣的，因為有一天，他忽然看到虛空中現出一片光明，無數的龍、天、夜叉們恭敬圍繞在一位比丘的周圍。這時天空散布微妙的香花，優雅的音樂，無數的幢幡繒綺在供養著他。

這真是所謂「菩薩清涼月，常遊畢竟空」了，——當然他就是善住比丘了。

善財童子看到這種不可思議的景象，心裡歡喜，就向善住比丘合掌敬禮著說：「聖者，雖然已經發了菩提心的我，仍然不知道應如何修行佛法，通達佛法，但願您能夠慈愍我，指導我！」

善住比丘聽到善財童子的這一番話，隨後就說：「很好呀！善男子，很高興你已經發菩提心，又來問我關於如何修行佛法的問題。讓我告訴你吧！我已經成就了『菩薩無礙解脫門』，我的智慧無障礙，我的神通無障礙，能隨心所欲，任來任往，獲得智慧光明，無所障礙。我能知道眾生的心行、宿命、未來、現世、言語音聲及三世流轉的次第，因為我已經證得了『無住無作神通力』的緣故呀！」

「善男子，由於我證得了無住無作的神通力，所以能夠在虛空中隨意的行住坐臥，隱蔽或現身，而穿牆過壁也一樣通行無阻；我也能夠在虛空中結跏趺坐，往來自在就像飛鳥一樣。」

善財童子的臉上，流露出一副虔誠的表情說：「聖者，雖然這個『無礙解脫門』是令人歡喜的，因為人們能藉著它做出種種利益人天的事，但是一個行者，要如何修行，才能證得呢？」

「那唯有清淨律儀，無論一言一行，一來一往都能如法如律，這樣就能與大眾無礙相處，隨時隨處教化利濟無量無邊的眾生。」善住比丘接著又說：「善男子，你曾聽說過『以無所得，得無所礙』嗎？如果一個人，心裡障礙重重，隨時隨地患得患失，那怎麼能達到清淨無礙的境界呢？由於我已經證得菩薩無礙解脫門，能夠時常隨著自己的心意，到他方諸佛國土，在諸佛世尊面前，聽經聞法。而諸佛世界的眾生，凡是見到我的人，也皆能夠發無上菩提心；凡是親近我的人，我都能令他們安住在這個法門。」

「善男子，修行佛法還有許多微妙的法門，我勸你還是繼續參訪去吧！南方有一個名叫達里鼻荼國的地方，那裡的彌伽上人是一位知名的語言學者，你去參訪他吧！」

於是善財童子拜別了善住比丘，又向南方一步一步走去。

第四參

彌伽上人

當善財童子到達達里鼻荼國的首邑——自在城的時候，適逢彌伽上人正在師子座陞座說法。只見約莫一萬多人圍繞在上人的身旁，靜靜地聆聽他所宣講的「輪字莊嚴法門」。

善財童子向彌伽上人頂禮過後，又繞了無數匝，表示恭敬後，便向他合掌著說：「聖者，我已經先發了菩提心，希望您能告訴我，一個行者應如何修學菩薩行，以了悟究竟的妙法？」

這時候，彌伽上人很莊重地向善財童子問道：「善男子，你已發了菩提心嗎？」

「是的，上人，我是已經發了菩提心。」善財童子很恭敬地說。

彌伽上人聽到善財童子的回話後，立即離開師子座，走到他的跟前頂禮，把名貴的香花珠寶散布在他的身上，然後起立，稱讚著說：「非常了不起呀！善男子，你能夠發菩提心，那就是續佛慧命，紹繼佛種的人了。」

「善男子，一個能夠發菩提心的人，必定能莊嚴佛土，成熟眾生，了達法性，悟解業種，圓滿諸行，不斷大願，遠離貪性，使信解永固，為十方諸佛所護持、憶念，和一切菩薩平等，為一切聖賢、梵天、夜叉、羅剎所守護與供養。」

「善男子，菩薩為一切眾生所作的事業是很可貴的，菩薩要為眾生拔除苦難，恃怙救護，使他們免除恐怖，不墮惡趣。菩薩如大地，要為眾生增長善根；如大海，使眾生福德充滿；如淨日，普照眾生，使得到無量的智慧與光明。菩薩也如猛將，能摧伏魔軍魔將；如猛火，能燒盡眾生的我執我慢；如大雲，能降無量妙法法雨；如船師，能導引眾生渡過迷津，到達彼岸；如橋梁，使眾生得以渡過生死大海。」

彌伽上人這一番話，聽得在座的菩薩都歡喜振奮不已。

這時，從彌伽上人的臉上，突然現出奇異的光芒，普照著三千大千世界；在光芒中出現了許多他方世界的眾生，一起來參加這個正在進行的勝會。

上人慈悲地分別為他們演說「輪字莊嚴法門」，使大家聽了這個妙法之後，無不歡喜讚歎，作禮而去。

彌伽上人接著又回到了本座，告訴善財童子說：「善男子，我已經獲得『妙音陀羅尼』，能夠分辨三千大千世界一切諸天諸趣眾生的語言，憑著它，我可以了解他們的許多想法，以隨機渡化他們。」

「善男子，從這裡向南走，有一個叫住林的聚落，那裡有一位名叫解脫的長者，你可以去向他請教吧！」

滿懷法喜與依依不捨的心情，拜別了彌伽上人的善財童子，又繼續向南方踏上參訪的路途。

第五參

解脫長者

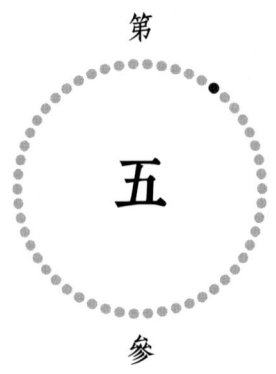

辭別了彌伽上人的善財童子，懷著虔敬的心情，想到菩薩度眾的種種善巧方便，以及許多善知識對他辛勞的教授，使他智慧大開，增上向道之心，心裡真是感激不已。

經過了十二年的到處遊化，這天到了住林城，見到解脫長者。等他向長者行過禮後，說：「聖者，今天我能有機會看到您，真是三生有幸，我知道一個善知識不但是很難遇見，而且也難聽到他說法！」

「聖者，我已經先發菩提心，為了要更進一步聽聞佛法、受持佛法，希望您能告訴我，一個行者應該要怎麼樣去學菩薩行，修菩薩道，以獲得清淨與明了呢？」

這時候，解脫長者以過去的善根力、如來的威神力，以及文殊菩薩的憶念力進入菩薩三昧門。剎時，從他身上現出清淨身，同時顯現出十方諸佛國土及無量佛。這些無量佛，各在他們的國土中，成就聖果，轉妙法輪，教化眾生。又從長者的身上顯現出種種的境界，從這些境界中可看出諸佛從上生兜率宮中，至下降、住胎、誕生、處宮中、出家，破魔軍、成佛、諸天龍恭敬圍繞、諸世主勸請說法、轉法輪、涅槃、分舍利、起塔廟等事蹟。這些無量數佛，用他們的神通、言詞，音聲、法門、辯才、聖諦，演說妙法，使他們的眾生，儘管是不同的種類、不同的欲樂、業行、語言、根性、煩惱、習氣，也都在細微或廣大的道場中獲得究竟的法樂。而這些如來所演說的妙法，夙具慧根的善財童子，都能夠聽得清楚，看得明白。

隔了一會兒，解脫長者從三昧定中出來，告訴善財童子說：「善男子，我所證得的這個境界就叫做『如來無礙莊嚴解脫門』。我在這個解脫門中，雖然可以看到十方佛剎微塵數的如來，但是請你千萬不要以為他們是從各個佛剎中到我這裡作自我顯現的；其實不唯他們沒有來到這裡作自我顯現，同時我也不曾到過他們那兒去，這都是由於我與諸佛的心同樣是如夢、如影像、如水、如幻、如空谷中的迴響，我是如是知，如是憶念；

我所看到這些無量諸佛，皆從自心顯現，甚至你們平常所看到正在修習佛法的菩薩，從莊嚴佛剎，積集善行，調伏眾生，發大弘願，到最後成就佛果而現大神通，遍住十方無量法界的一切境界，亦是由自心顯現而達成的。」

「善男子，所以一個行者平常就應以善法來扶助我們的自心，並且以法水來潤澤它，以精進來堅固它，以忍辱使它更加坦蕩，以智慧使它潔白明亮，以平等使它更加寬闊廣大。」

「善男子，能證得『如來無礙莊嚴解脫門』的行者，就能夠得無礙智、住無礙行，常見一切諸佛三昧，了達在三世諸法的普門境界中，一切皆為平等。」

「善男子，在諸大菩薩中，還有更深妙的道理，希望你再向南行，到閻浮提畔的摩利伽羅國中，那裡有一位海幢比丘，請他進一步告訴你吧！」

獲得這許多法樂的善財童子，眼眶裡滾動著歡喜的淚珠，很虔誠地向解脫長者頂禮致敬後，再朝向南方走去。

同時他的心裡仍然不住地憶念著：從今以後，應當更加的尊敬善知識，因為由善知識的教導，可以使人見一切智，使人對真理不生違逆。我們應當把善知識當作慈母，因為他們可以教導我們捨離一切無益的事，也要把善知識當作慈父，因為他們可以使我們了解一切善法而敬受奉行。

第六參

海幢比丘

當善財童子來到閻浮提畔的摩利伽羅國見到海幢比丘的時候，海幢比丘正在一個廣場上徐步經行。

善財童子很恭敬地站立在一旁，不敢貿然打擾。

不一會兒，只見海幢比丘走到一棵大樹下，雙腿盤坐，兩眼一閉，原來已經深入定中三昧了。

善財童子很容易地看出，從他的兩足流出無數的長者、居士，他們都以種種的衣飾、寶冠、明珠，莊嚴他們的身體，同時又到十方一切世界，將許多珍寶、瓔珞、衣服、飲食等資生的物品，取來救護一切貧窮的眾生，安慰一切苦惱的眾生，使他們消除生活的憂愁，生無量歡喜心，以成就菩提大道。

又從兩膝流出眾多的剎帝利、婆羅門，個個長得聰慧俊秀，用布施、愛語，利行、同事的四攝法，教化眾生，使貧窮者獲得豐足，危殆者獲得安樂，病痛者獲得痊癒，憂苦者獲得快樂。以種種方便的法門，勸導大家捨惡揚善，讓身心得到愉快。

從腰間流出甚多的仙人，有的穿著草衣，有的裹著樹皮，威儀莊嚴，往返十方世界的虛空中，以妙音稱讚如來，演說著清淨的梵行，啟發眾生的智慧，或者講述世間的言論規則，使眾生生長善根。

從兩脅流出無數不可思議的龍子、龍女，現出千變萬化的綺麗雲霞，將諸佛的道場點綴得美麗莊嚴，多采多姿。

從胸前的卍字流出無數的阿修羅王，現出奇妙的自在幻力，令大地震動，海水湧沸，山岳互相衝擊，諸天宮殿無不動搖，藏在陰暗之中的魔軍魔將，無處隱蔽，無所遁形，無不降伏。使眾生捨棄他們的憍慢心，消除他們的怒害、煩惱、鬥爭而豁然開悟；也使大眾發菩提心，修習菩薩行，以趨向成佛之路。

又從背上流出無數的聲聞、緣覺二乘，為有我執的人說無我，為執常的人說無常，為貪行的人說不淨觀，為瞋行的人說慈心觀，為痴行的人說緣起觀，為等分行的人說與智慧相應的境界法，為樂著境界的人說無所有法，為喜歡獨處隱居的人說發大誓願，饒益一切眾生的道路。

從兩肩流出無數的夜叉、羅剎王，他們表面上看起來非常令人恐怖，其實面惡心善，是正法的保護者，他們守護一切行善的眾生及諸佛的道場，也使世間上的眾生遠離怖畏、疾病、苦惱與災禍。

又從腹部流出無數的緊那羅王、乾闥婆王，這些緊那羅王與乾闥婆王各自帶領著子女，發揮他們對於音樂的天份，奏出令人陶醉的天樂，以歌頌諸法的實性，與諸佛的勤轉法輪。

從面門流出無數的轉輪聖王，這些轉輪聖王，個個七寶具足，四兵圍繞，放出喜捨的光芒，布施無數的珍寶，使貧乏的人獲得救濟；遣散宮中綵女，使她們各有所歸，永斷邪淫之行；發揚仁慈的胸懷，使大家不斷他人的生命；教導眾生不說虛誑無益，挑撥離間，惡言惡口的話語，讓大家得以和睦相處。又教導眾生少欲知足，除貪愛、消忿怒、說實義，使能深入因緣，善明諦理，拔邪破惑，除滅一切障礙。

又從兩目流出無數的日輪，普照大地獄、諸惡趣，使墮落在那裡的眾生，去除黑暗，獲得光明。

從眉間的白毫相中，流出無數帝釋，這些頂上繫著摩尼寶珠的帝釋天王，光照諸天宮殿，震動須彌山，使諸天大眾同聲讚歎他們的福德力、智慧力、愛樂力、意志力、正念力，以及菩提心力。同時帝釋天王也齊聲讚歎佛、法、僧三寶不可思議的功德，制止阿修羅們殘酷的戰爭，使群魔不敢搗亂。

又從額上流出色相莊嚴，威儀寂靜，言音美妙的無數梵天，一起請佛說法，滅除眾生無量無邊的罪惡與苦痛。

從頭上流出無數的菩薩，放無邊光明，讚歎布施、持戒、忍辱、精進、禪定、般若、方便、願力諸行。

又從頂上流出諸相隨好，清淨莊嚴，威光赫赫的無數如來，放出無量無邊的光明，普照十方諸佛國土，出微妙音，充滿法界，示現大神通力，為一切世間無量無邊的眾生，演說妙法。

善財童子觀察海幢比丘這些不可思議，利益眾生的種種方便法門，心中異常的歡喜。如此經過六月六日，海幢比丘方才慢慢出定。

這時善財童子向海幢比丘很恭敬地合掌讚歎說：「聖者，您所證得的三昧境界是多麼地廣大無邊，但不知這個三昧境界稱為什麼法門呢？」

海幢比丘說：「善男子，它叫做『普莊嚴清淨門』。我因為修習般若波羅蜜的緣故，才能證得這個法門，能夠證得這個法門的行者，對於一切世界、一切佛、一切眾生的所有妙法，都能了知，無所障礙。」

「善男子，從此南方的海潮普莊嚴園林中，有一位休捨優婆夷，她有很深的妙法可以告訴你，你就動身去向她請教吧！」

獲得堅固身及妙法財，使智慧明徹的善財童子，滿心歡喜，連忙向海幢比丘恭敬頂禮，又圍繞了許多匝，方才向南離去。

第

七

參

休捨優婆夷

懷著滿心歡喜的善財童子，在向海潮普莊嚴園林的道路走去時，心裡不住地想：這一生承蒙許多善知識的教導，得以親近佛、法、僧三寶，真是非常幸運；但想到仍有那麼多的眾生，在欲流中作痛苦的掙扎而無法自拔，不禁為他們感到黯然神傷。

這些眾生從無始以來，或為自己的親友，或為自己的眷屬，如今仍在六道中，循環輪迴不已，不知道何年何月才能幫助他們脫離苦海，到達清淨的彼岸？想到這裡，善財童子更感自己責任重大，連忙加緊腳步，大步向前。

過不多時，善財童子來到一處一望無際的海邊，只見浪花拍上岸邊嶙峋的岩石，發出洶湧澎湃的響聲，令人驚心動魄。

沿著岸邊走去，又轉了幾個彎，眼前忽然出現一片樹林，善財童子這時聞到一陣陣的香氣從樹林中不斷地吹來，和風吹動了枝葉，發出沙沙的聲音，這聲音聽起來非常美妙，宛如天樂一般。

樹林底下淌出一彎彎的流水，清澈見底，原來是八功德水，水流底下金沙布地，水邊蜿蜒交錯著各種奇珍異寶，散發出耀眼的光輝。眾多的鳧鴈、孔雀、俱枳羅鳥，遊戲其中，發出令人陶醉的雅音。

樹林的上面，羅覆著一層層的寶網，網線上垂下一串串的金鈴，當微風吹來，搖動著鈴兒，發出悅耳的聲音，令人自然而然地生出念佛、念法、念僧之心。

一會兒天空飄下柔細得幾乎看不見的雨絲，參雜著曼陀羅花，披覆在一座廣大名叫莊嚴幢的宮殿上。

無數的天人，無數的綵女，飛繞在宮殿的周圍。

休捨優婆夷坐在真金座上，頭上戴著一頂真金冠，冠上覆罩海藏真珠網，紺青色的秀髮垂著大摩尼網，師子口摩尼寶製成的耳璫，配掛在兩側的耳垂上。身上披著鑲有名貴瓔珞及柔細如絲的寶網，看起來更加莊嚴。

這時，殿前的周圍來了無量他方諸佛國土的眾生，個個對休捨優婆夷曲躬禮拜。也有許多梵天、梵眾天、大梵天、梵輔天、自在天等諸天眾，以及一切人與非人等都來到這裡，聆聽休捨優婆夷的說法。

善財童子踏著恭敬的步伐，走上前去，頂禮著說：「聖者，我已經發了菩提心，但不知道應該怎樣學菩薩行，修菩薩道，聞說聖者循循善誘，希望能有所教我。」

休捨說：「善男子，我證得的是『離憂安隱幢解脫門』，在我的法門中，倘若有眾生來到這裡，看到我的色相，聽到我的聲音，和我共住，或服侍我的，都不會白白的空過。因為在眾生中，凡是有不種善根，不親近善友的，這些人終究是不能親近我的！」

「善男子，在我這裡，十方諸佛時常來為我們說法，我和一切菩薩共住，沐浴在佛光裡，聽到的看到的無不都是佛法，只要在這個法門修行的大眾，都將成為不退轉位的聖者。」

善財童子聽到休捨優婆夷的這一番話後，心裡非常歡喜，不禁脫口問道：「聖者，您有這樣的功德是多麼地不可思議！不知您從發菩提心到現在經過多久了？」

休捨回答說：「善男子，我記得從燃燈佛推上去到三十六恆河沙佛，我都曾在他們跟前恭敬供養，聞法受持，淨修梵行過。再上去，我也說不清那麼多了，只是我要告訴你，菩薩的發心是不可限量，也不能用時空來推算的。」

「您說得甚是。」善財童子又說：「聖者，我知道您是位快要成佛的人了，但不知道還要經過多久呢？」

休捨說：「善男子，一個菩薩他應當為教化調伏一切眾生，承事供養一切諸佛，嚴淨一切諸佛國土，護持一切諸佛正教，成滿一切如來誓願，欲往一切諸佛國土，欲入一切諸佛眾會，欲知一切世界諸劫次第與一切眾生的心、根、業、行，及欲拔一切眾生諸煩惱，才發菩提心的。」

「善男子，菩薩是要普入一切法，使皆證得；普入一切剎，使皆嚴淨，等到一切世界皆已嚴淨，我的心願才盡；將一切眾生的煩惱習氣皆已拔盡，我的心願才算完成。」

「善男子，你想想菩薩的心願是如此地廣闊無邊，不可限量，他們為了眾生發大弘願而精進不已，哪裡還有工夫去想到成佛的日子尚有多久呢？」

「善男子，請你繼續再往南方走，可以到那羅素國，去參訪那裡的毘目瞿沙仙人吧！」

此時此刻的善財童子，被休捨優婆夷的精進大願感動得悲泣流涕，再三向她頂禮致敬，並繞了無數匝方才離去。

第八參

毘目瞿沙仙人

那羅素國的毘目瞿沙仙人和他的一萬名徒眾，住在一座樹林裡面。這座樹林枝葉扶疏，有種種的香花果樹，當善財童子來到這裡，正是果實成熟的時候，只見各色各樣纍纍滿串的果實，香脆欲滴，非常誘人。

毘目瞿沙仙人在一棵栴檀樹下敷草而坐，他的徒眾有穿著樹皮衣的，有編草為衣的，一個個頭上挽著環髻，在周圍坐著、走著。

善財童子恭恭敬敬地走上前去，向仙人頂禮著說：「聖者，我已經發了菩提心，但不知如何去學菩薩行，修菩薩道，希望您能夠為我開示！」

毘目瞿沙仙人睜開兩眼，對著他的徒眾說：「這位童子已發了菩提心，為了眾生，他不顧一切地希望他們能得到利益，消除他們的煩惱，培養一切善根，真是可敬可佩！」

徒眾聽到這些話之後，個個歡喜讚歎，用種種上妙香花散布在善財童子的身上，然後異口同聲地說：「可敬的童子，你一定能夠救護一切眾生，滅除他們的地獄之苦，永斷他們的畜生道，乾竭他們的愛欲之海，使眾生永滅苦蘊，永破無明黑暗，永斷貪愛繫縛。」

這時候毘目瞿沙仙人轉身對善財童子說：「善男子，我已經證得『菩薩無勝幢解脫門』，如果你要了解它，請把你的手伸出來。」仙人這時以右手撫摩善財童子的頭頂，以左手緊緊握著他的手，剎那間，善財童子覺得自己已經到達十方諸佛剎微塵數的世界中，見到諸佛種種相好，種種莊嚴，以及演說妙法的種種勝會。同時善財童子又感覺到自己也在這些世界中聽經聞法，經過千百億年仍然存在。不久仙人又將兩手放開，善財童子立刻見到自己依然故我，仍在那羅素國的樹林之中。

毘目瞿沙仙人笑道：「你還記得剛才的情境嗎？善財。」

善財童子致謝著說：「是的！這是聖者的慈悲，聖者的大力，使我能夠觀察到這個殊勝的法門。」

仙人緊接著又說：「我所證得的這個『菩薩無勝幢解脫門』，能使菩薩成就一切殊勝三昧，得到自在；能在一念頃之間，生出如同諸佛般的無量智慧，以佛的智燈來普照世間，做出利益眾生的事。」

「善男子，此去南方，有一個名叫伊沙那的聚落，那裡有一位勝熱婆羅門，你接著就去參訪他吧！」

善財童子聽完了毘目瞿沙仙人這一番話，心裡歡喜踴躍，便向他頂禮右繞，才朝著南方走去。

第九參

勝熱婆羅門

住在伊沙那聚落的勝熱婆羅門，是一位專修苦行的聖者，當善財童子見到他時，他正在一個苦行的山上和他的徒眾一起修行。

這座山，山勢高險，陡岩峭壁，周圍燃燒著熊熊的烈火，在烈火之中矗立著刀山劍樹，令人感覺非常恐怖。

善財童子站在遠遠的高崗上，向勝熱婆羅門頂禮膜拜，大聲疾呼著說：「聖者，我已經發了菩提心，但不知一位行者應該如何學菩薩行，修菩薩道，希望您能夠指導我！」

婆羅門說：「下來吧！菩薩為了眾生，能夠袖手旁觀，隔岸觀火的嗎？今天你如果敢上這個刀山，下這個火海，那麼離你要學的菩薩行就不遠了。」

善財童子聽到這些話，心裡忖度著：人身難得，佛法難聞，現在這位婆羅門要我上刀山，下火海，豈不是要剝奪我的生命？如果為了利益眾生而喪失自己的生命，這是不足惜的，只是我現在道業未成，眾生未度，一旦生命喪失，身陷輪迴，那要去廣度眾生不是難上加難嗎？莫非這位婆羅門是惡魔的化身，故意現善知識相，以阻礙我的修學，想引導我走上毀滅的道路不成？想到這裡，不禁渾身顫抖，立即想要退卻下來。

正當這個時候，十千梵天忽然在天空中出現了，向善財童子高呼著說：「善男子，請你千萬不要存著這個念頭，這是聖者的金剛焰火三昧大放光明所顯現的境界。這位聖者勇猛精進地廣度眾生，他要燒盡一切世間的貪愛、邪見、煩惱、蠱惑、怖畏，你知道像我們這些梵天，多半在心中存著邪見，大家都以為是自在者，是能作者，在世間上以我們最為優勝。可是當看到勝熱婆羅門五熱炙身的苦行，不禁震撼了我們，使我們驚慌失措，寢食難安，便一起來到婆羅門的面前，向他請求受教。婆羅門這時以神通力顯示他的大苦行，並且為我們說法，消除我們一切的我見、我慢，教我們在大慈大悲的廣大心懷中，發菩提心，您想他會是惡魔的化身嗎？」

十千梵天的話聲甫畢，十千諸魔也在虛空中以天摩尼寶散在婆羅門的身上，告訴善財童子說：「善男子，當這位婆羅門五熱炙身時，它的光明照耀著魔宮魔殿，使我們驚惶失色，坐立不安，便呼朋引伴一起來到他的面前請求說法。婆羅門說完法後，立即使我們能發菩提心，獲得不退轉。」

又有十千自在天王、化樂天王、兜率天王、三十三天王也在虛空中相繼出現，向婆羅門恭敬頂禮，將香花散在他的身上，對善財童子說：「善男子，當這位婆羅門五熱炙身時，它的光明映奪著我們的宮殿，使它黯然失色。我們立即帶著眷屬一起來聆聽受教。等到婆羅門為我們說法時，使我們的身心頃刻獲得自在，獲得清淨，生出歡喜，捨離一切欲樂，斷除憍慢放逸，發大菩提心。你說像這樣的聖者還不值得信任嗎？」

這時十千的龍王在虛空中散播著黑栴檀，無數的龍女奏著天樂，灑著妙花及香水，向婆羅門禮拜供養。然後對善財童子說：「善男子，這位婆羅門五熱炙身時，它的光明普照諸龍宮殿，使他們遠離熱沙，金翅鳥的恐怖，滅除瞋恚，使身心清涼，洗清垢濁，發菩提心。」

當龍王的聲音剛停，天空又相繼出現十千的夜叉王、乾闥婆王、阿修羅王、迦樓羅王、緊那羅王，他們以種種的供具供養著婆羅門，向他恭敬頂禮以後，再轉回頭對善財童子說：「善男子，請你千萬不要生疑慮心，當這位婆羅門五熱炙身時，我們所住的宮殿突然引起強烈的震撼，等到我們帶領眷屬到婆羅門的面前請求說完法後，身心立刻得到安樂，捨棄憍慢放逸及諂誑，修習大慈，稱讚大悲，從欲泥中度生死海，拔濟眾生的苦厄，使聞佛聲、法聲、菩薩僧聲而生歡喜心，並發大菩提心，獲得不退轉。」

緊接著無量欲界諸天向婆羅門禮拜供養完畢後，也對善財童子說：「善男子，你知道過去我們受著怎麼樣的痛苦嗎？那是阿鼻地獄無量無邊的痛苦！當這位婆羅門五熱炙身時，光明穿透整個地獄，使我們遠離一切痛苦；當我們見到這道光明時，心裡便產生信心，也因為信心的緣故，在命終之後能夠上生天上，享受天人的快樂。所以我們現在才懷著感恩的心，特地來向婆羅門恭敬瞻仰，至誠禮拜。」

聽完了這些話，善財童子內心感到萬分的慚愧，他立刻向勝熱婆羅門胡跪著說：「我在大聖善知識的面前，竟這樣懷疑您，這真是很大的罪過，希望聖者容許我至誠的懺悔。」

勝熱婆羅門慈悲地向善財童子點了點頭說：「是的，善男子，佛法中說：有過當懺悔，懺悔得安樂。希望你此後能夠隨順善知識的教誨，心無疑慮，認真去修行吧！」

於是善財童子為了眾生大步地上刀山，入火海，一點兒也不懼怕。充滿了大無畏精神的善財童子，此刻已證得「菩薩善住三昧」及「菩薩寂靜樂神通三昧」，無論刀山也好，火海也好，一接觸到他的身上，都變成一團清涼，感到非常的安穩和喜樂。

這時婆羅門又告訴善財童子說：「我所證得只是這個『菩薩無盡輪

解脫門』，如諸大菩薩的大功德焰火，能燒盡眾生的迷惑稠林，能堅固眾生的無懈怠心、無怯弱心、無遲緩心，使他們勇猛精進獲不退轉的大功德行，我那裡能敘說得盡呢？你如果還要作更深切的探討，那就再向南方師子奮迅城中的慈行童女請教吧！」

滿懷著對善知識的感激心情，辭別了聖者勝熱婆羅門的善財童子，一步步地離開伊沙那聚落。走了很長的路途，仍然可以看到勝熱婆羅門和他的徒眾們，為了眾生心甘情願地生活在一片刀山火海之中。

第十參

慈行童女

慈行童女是統治師子奮迅城師子幢王的女兒，住在毘盧遮那藏殿內，有五百位童女自願作她的侍從，跟隨她一起修行。

當善財童子來到師子奮迅城的時候，看見城內的老百姓紛紛從四面八方湧向王宮的道路走去，打聽之下，才知道原來這些人都要去聆聽慈行童女演說佛法。

善財童子心裡想：這個王宮，非但不像別的地方那樣門禁森嚴，還敞開大門作為弘法布教的道場，讓老百姓自由進去聽聞佛法，這是多麼難得呀！難怪這個國家看起來一片祥和，沒有紛爭，看不到戾氣，到處充滿著歡歡喜喜的氣氛。

想著、想著，他也緊跟著大眾往王宮內走去。

善財童子進入了王宮以後，來到毘盧遮那藏殿，看到殿上的地板是用玻璃鋪成的，一根一根的柱子放出琉璃的光芒，由金剛砌成的牆壁顯得高貴而堅韌。四周的矮牆用閻浮檀金圍繞而成，閃爍著千百種光明的窗牖，原來是由阿僧祇摩尼寶莊嚴成的。殿內有許多的寶摩尼鏡，以上好的摩尼寶嵌成，殿上覆蓋無數的寶網，每條網線的交叉處，垂下串串的金鈴，在微風吹動的時候，立刻發出悅耳的妙音，令人聽來心曠神怡，舒暢無比。

慈行童女坐在龍勝栴檀足金線網天衣座上，皮膚呈現金色的亮光，明亮的眸子閃耀著紺紫色的光彩，紺青色的秀髮垂在額頭上，看起來莊嚴又可親。

善財童子向慈行童女頂禮完後，畢恭畢敬地立在一旁侍候著。待慈行童女用梵音演說妙法過後，善財童子才向她請求著說：「聖者，我已經發了菩提心，但是卻不知道一個行者應該如何學菩薩行、修菩薩道，我聽說聖者循循善誘人，希望能對我有所指導！」

慈行童女告訴善財童子說：「善男子，在我還沒有回答你的話以前，請先看看我所莊嚴的宮殿吧！」

於是善財童子以極虔誠的心，又向慈行童女頂禮一拜後，就開始仔細觀察這所宮殿的周圍。他在每一個牆壁、支柱、鏡子、形相、摩尼寶、莊嚴器具、金鈴、寶樹、寶瓔珞之中，都能夠很清楚地看到法界的一切如來，從初發心，修菩薩行，成就大願，具足一切功德，成佛、轉妙法輪，直到涅槃，無不一一顯現出來，就好像在一泓清淨的泉水中，可以很清晰地看到所有虛空中美好的日月星宿一樣。這些莊嚴的成就，無一不是在過去世中，由於慈行童女的善根所感召的結果。

慈行童女這才告訴善財童子說：「善男子，這是『般若波羅蜜普莊嚴法門』所示現的境界，這是我以前在三十六恆河沙數諸佛的地方所證得的法門。能證得這個法門的人，心胸非常廣闊，可進入一切法界，成就圓滿福德，且能遠離世間一切惡行，獲得無障無礙的智眼，普觀一切法界；慧心廣大，和虛空一樣，一切境界都能得到明白透視，獲無礙大光明藏，能分別世間的一切法義，即使在五濁惡世中生活，但卻出污泥而不染；能隨心所欲，做利益人天的事，不會受到眾生惡劣言行的影響；一言一行都可以當眾生的楷模和作為依靠，隨著眾生的需要而隨機說法，以度化他們，直到登上覺悟的彼岸。這些功德行既深且廣，不是我所能敘述得盡的！」

「善男子，你如果還要作進一步的探究，那就到南方的三眼國去吧！那裡有一位善見比丘，可以去向他參訪，他一定會樂意告訴你的！」

善財童子心中異常歡喜，趕忙向慈行童女頂禮，帶著快樂的心情向南方走去。

第十一參

善見比丘

辭別了慈行童女的善財童子，一心向南行，一路上想到菩薩所證得的境界，實在是那麼深不可測，使人佩服，心裡越生起對他們崇敬之心。

不多久，已經到了三眼國。

善財童子走遍了城邑聚落、村莊、鬧市、河川、山谷，到處尋訪不著善見比丘。後來在一處的叢林中，看到一位美貌的壯年比丘，他面貌端正，頭髮紺青色，頭頂有肉髻，皮膚呈金色，額頭寬廣，眼目分明，如青色的蓮花，口唇紅潤，像頻婆果，胸前標有卍字，手臂修長，手指間長著網縵，已是具有佛相的一部分。

他的目光炯炯有神，頭上環繞著五彩的光環；他的智慧廣大如海，為利樂一切眾生，教化一切眾生，為他們開示如來法眼，教他們如何去實踐如來所行的大道而不急不緩的在那裡經行。

他的前後左右有無數的天龍、夜叉、乾闥婆、阿修羅、迦樓羅、緊那羅、摩睺羅伽、人與非人等，恭敬圍繞著。

在他的周圍還有無數隨方迴轉的方神，腳踏寶蓮花的足行神，舒光破暗的無盡光神，散放奇妙香花的林神，出現無數寶藏的地神，莊嚴虛空界的空神，施散摩尼寶的海神，禮敬謙遜的山神，撒放奇香的風神，滿身莊嚴的夜神，光照虛空的晝神。這些無量功德的大神，一起在這裡穿梭不停，接受這位比丘的領導，當然他就是善見比丘了。

善財童子走上前去，向比丘曲躬合掌，恭敬禮拜過後，很虔誠地說：「聖者，我已經先發菩提心，一心想學菩薩行，修菩薩道，我聽說聖者善於向人開示菩薩修道的方法，希望您能教導我！」

善見比丘回答說：「善男子，我的年紀不大，出家也還沒多久，我所知道的也是很有限，談不上對你會有什麼幫助。只是往昔我曾經在三十八恆河沙佛那裡淨修梵行，聽聞不可思議的妙法，接受諸佛的教誨，以此來莊嚴諸願，並滿足六種波羅蜜。從這裡我也能看見諸佛以三昧願力，嚴淨國土：以入一切行三昧力，淨修一切諸菩薩行；以普賢乘出離力，清淨佛果。」

「善男子，每當我在經行時，常常在一念之中，顯現出菩薩的大智、大願、大行，饒益無量無邊的眾生。」

「善男子，我所證得的只是『菩薩隨順燈解脫門』而已，至於那些大菩薩們的具足成就，就像金剛智燈一般，有堅固不壞的身相，使毒刃火災不能加害，能降伏諸魔外道，破除一切障礙大山，拔一切不善根本，種植廣大善根福德，像這樣的人，真是難遇難見！他們的德行，我怎麼可能知道得盡呢？」

「善男子，南方名聞國的自在主童子，他現在正在河渚中修行，你就繼續參訪他吧！」

學而不厭的善財童子，為了進一步參究菩薩道，立刻辭別了善見比丘，向名聞國一步一步走去。

第十二參

自在主童子

因為參訪善見比丘而受到天龍、夜叉、乾闥婆們前後圍繞的善財童子，這天到了名聞國。天龍、夜叉、乾闥婆們在虛空中，告訴善財童子說：「善男子，自在主童子現在正在河渚上教導弟子們修行呢！」

善財童子穿過一處叢林，眼前出現一條平坦廣闊的河流，由於水流緩慢，這條河流就在入海不遠的地方，形成一大片廣闊的沙洲。沙洲上的周圍綠草叢生，奇花遍野，宛如一片世外桃源。

有一群童子圍繞在一起，正興高采烈地玩聚沙築塔的遊戲。善財童子走過來向為首的童子頂禮著說：「聖者，大概就是自在主童子了。我是善財，已經先發了菩提心，但不知一個行者應該如何學菩薩行，修菩薩道，希望您能教導我！」

自在主童子很高興地說：「哦！你就是善財童子呀！我就知道你這幾天會來，說起來我還是你的師兄弟呢！因為我也是跟文殊菩薩修學的！我以前曾經在文殊菩薩那兒修習過書寫、算術、印刻等技術，而悟得『一切工巧神通智法門』。」

「善男子，我因為悟得這個法門，所以就成為醫學家，能夠治療像風癇、消瘦，或為鬼魅所迷惑等疾病；同時我也是一個建築工程學家，能夠建造城邑、聚落、宮殿、屋宅，以及布置精美的園林台觀；我又是一位藥劑學家，懂得調煉各種仙藥；我也是一位農學家、商學家，凡是田中的作務，以及進出買賣，我無不能夠調理得當；我又是占相家，能由眾生的身體、形態、動作的不同，去了解他正在為善作惡，將來會生善趣、惡趣，這些我都可以分辨出來。」

「善男子，我又是一位聞名的數學家，能夠知道菩薩的算法，所謂由一進十，由十進百，由百進千，到洛叉、俱胝、阿庾多、那由他、頻婆羅、矜羯羅……，一直到不可說不可說轉為止。我由這個算法，可以推算無量由旬廣大的沙堆內，藏了多少顆粒的沙子；我也能從這裡，推算出四方上下一切世界的距離與方位，以及它們是如何牽引與安住的。」

「善男子，這些推算的方法，不是世間通常的學問所可解決的，由於我通達這種算法，舉凡十方所有一切世界的廣狹、大小，以及它們的名字，包括一切劫名、佛名、法名、眾生名、業名、菩薩名、諦名，都能夠通達無礙。」

「善男子，我只不過知道這個『一切工巧大神通智光明法門』而已，如那些大菩薩們更進一步的名數法門，以及他們種種令人讚歎的功德行，我如何能清楚明瞭，述說得盡呢？希望你再向南方的海住城，向具足優婆夷參訪吧！」

聽完了自在主童子的這一番話以後，善財童子立刻獲得稀有的信樂心，以及成就了廣大的利眾心，由此明了一切諸佛的出入次第，通達甚深的智慧法輪，也悟得三世平等的境界。

這時候，善財童子很歡喜地再三向自在主童子禮謝而去。

第十三參

具足優婆夷

離開了名聞國的善財童子，一路上想到善知識長久以來對他所作的教誨，使他獲益良多，就好像春天的太陽對大地上的根苗所帶來和煦溫暖；也像中秋滿月給萬物帶來無限的清涼；又像炎熱夏天的雪山所溶化的雪水，能清除一切生靈的熱渴；亦像帝釋大眾，眾會圍繞，能降伏諸異道魔軍，使他們不能擾亂修道者的善心。

想著想著，在不知不覺之中，已經到了海住城。

海住城依山面海，是一個美麗的城市，街道整齊清潔，居民溫文有禮，處處顯露出高雅的文化水準。

善財童子很容易地問出具足優婆夷的住處。不一會兒的工夫，他已經來到門外了。

善財童子看到具足優婆夷所住的地方是一個廣博的宅第，屋子的外圍是一座低矮的短牆，這座牆是出眾寶築成，四面各自開設了一道莊嚴的圓形拱門，善財童子就從這個拱門走進去。

具足優婆夷正坐在正廳的寶座上，只見她容貌端莊，正是盛年的時候。她身上穿著樸素的衣裳，頭髮披垂在腦後。她的身上雖然沒有瓔珞、脂粉的妝飾，但容光煥發，威德十足，除了佛菩薩之外，誰也比不上她。

善財童子環顧室內，除了座前有一個精緻的器皿，及一排排名貴的座位外，其餘可以說是沒有什麼陳設了。

具足優婆夷的身旁，圍繞著許多的童女，這些童女個個美得像仙女一樣，說起話來如出谷黃鶯，婉柔美妙，給人喜悅的感覺。從這些仙女們的身上，不時發出一縷縷的幽香，薰遍了整個室內，聞到的人，心裡所有的怒害、怨恨、慳嫉、諂誑、險惡、憎愛、瞋恚、卑劣、高慢的心思，莫不在不知不覺之中，煙消雲散，自然而然地流露出平等慈悲，利益人天的心念來。

這時善財童子走上前去，向具足優婆夷頂禮過後，說：「聖者，我已先發了菩提心，但不知道一個行者應該如何學菩薩行，修菩薩道，我聽說您在這方面很有成就，希望能夠有所教我！」

具足優婆夷很慈和地說：「善男子，我證得的這個法門叫『菩薩無盡福德藏解脫門』，你看就是前面的這個東西，雖然它只是一個小小的器皿，卻能夠隨著眾生種種的喜好，生出種種的美味飲食，讓大家享受不盡，受用無窮，而這個器皿的東西卻又不見減少。」

「善男子，雖然平常我們所看到的這個器皿是中空的，但是也因為它的中空才能產生妙有，所以說空是無限的，空是無所不藏的，有了空才能包容一切，有了空才能承受一切，世界上的萬事萬物都因空而存在，都因空而無窮無盡，都因空才能成長與發展。」

「善男子，菩薩的布施也是無窮無盡的，你看十方一切世界的聲聞、緣覺，常來我這個地方，受我的供養，他們在受用我的飲食以後，皆能證得辟支佛果；一生補處菩薩受我的供養以後，必能在菩提樹下的金剛座上降伏魔軍，成為佛陀。」

「善男子，你現在所看到正在跟我修學的這些童女們，也能夠在這個器皿中，取出同樣美味的飲食，在一剎那間，供養十方一切聲聞、緣覺、一生補處菩薩，甚至遍及諸餓鬼惡趣，我這個器皿在天中能充足天食，在人中能充足人食，不必掛慮它會感到匱乏。」

「善男子，你只要等一會兒，就能夠看到我所說的一切了。」

不久，善財童子果然看到無量眾生分別從四個拱門魚貫進入，原來這些人都是她所請來接受供養的。

具足優婆夷看到大眾來得差不多了，就請大家上座，於是這些眾生隨著自己的喜好，各得豐盛的供品，使大家都感到心滿意足，歡喜無比。

具足優婆夷接著又對善財童子說：「善男子，我所證得的就是這個『無盡福德藏解脫門』。但大菩薩們的功德就好像大海一般地深邃無量；像虛空一般地廣大無際，不是我所能敘說得了的，你如果還要進一步去理解，那麼我介紹你到南方的大興城明智居士那裡參訪！他會進一步告訴你的！」

善財童子聽後，心中萬分感激，連忙向具足優婆夷頂禮圍繞，然後向著南方大踏步地走去。

第十四參

明智居士

自從善財童子參訪了具足優婆夷，獲得『無盡莊嚴福德藏解脫光明』以後，一心思惟，一個行者如果能夠親近善知識，將使自己的善根不斷地增長，也能不斷地造福人群，為大家謀福利。想到這裡，心中更加歡喜，不久他已來到大興城的門外。

進得城裡，善財童子見明智居士正在通衢大道一座廣場上的七寶台上說法。

這個七寶台是由無數的寶物莊嚴而成的，寶台的周身，裝飾著無數清淨無瑕的摩尼寶珠。支持四周的台柱，正閃爍著金剛鑽石的光芒，台上還有許多寶衣、幢幡、寶網，臨風搖拂，莊嚴無比。

一陣陣不可思議的妙香，從四面八方不時飄送出來，天空中散播出五顏六色的香花，夾雜著陣陣美妙的天樂，讓聽到的人，歡喜讚歎不已。

人們可以感覺到明智居士的道場，雖在鬧區中，但一點兒也沒有沾上都市繁囂的氣息。

有許多容貌端正的行者，他們以前都曾修習增長過和明智居士同樣的善根，也成就了菩薩的志欲，一起聚集在這裡承受他的教命，共同來維護道場。

善財童子向明智居士頂禮過後，又繞了許多匝，合掌向他說：「聖者，我為了利益一切眾生，希望他們遠離苦難，得究竟安樂，而發菩提心，但不知道一個行者應該如何學菩薩行，修菩薩道，希望您能對我有所教示！」

明智居士讚歎著說：「太難得了！善男子，一個肯發菩提心的人，那他就能求菩薩行了。為什麼呢？因為一個發菩提心的人，他遇到善知識必定喜歡親近，喜歡供養，對於他們的教誨，也不會感到厭倦與怠惰。」

「善男子，你看到我的徒眾嗎？他們個個都已經發了菩提心了，他們在如來家中已獲得新生，一心一意，棄生死輪，轉正法輪，滅三惡趣，住正法趣，能像許多菩薩一樣，救護一切眾生。」

「善男子，我證得的就叫做『隨意出生福德藏解脫門』，自從證得這個法門以後，凡是所有眾生，對於我有需求的，像那衣服、瓔珞、象、馬、車乘、華香、幢蓋、飲食、湯藥、房舍、屋宅、床座、燈炬，一切資生的物品，我都能一一滿足他們。我也常常為他們說法，使在心靈上同時也獲得快樂。」

「善男子，你抬頭看看，我所說的這些眾生不都來了嗎？」

善財童子果然看到面前出現了許許多多各式各樣的眾生，他們從種種的世界，種種的國土，種種的地方，種種的城邑，彼此雖然形狀不一，愛欲有別，但是大家都仰仗著菩薩的願力，來到這裡聚會，也都隨著各人的喜好，而有各種不同的請求。明智居士仰視空中，一切資生的物品立刻紛紛從空中飄落下來，各人的需要也就獲得滿足。

這時明智居士就趁機為他們說法：他為求美食的人，說積集福德的重要，與遠離貧窮的途徑；為求飲食的人，說捨離生死愛欲，獲得佛法上味的方法；為求車乘的人，教他們如何學習大乘；為求衣服的人，教他們如何能獲得清淨慚愧之衣，以求福報。像這樣一面布施，一面說法，物質、心靈兼顧，財施、法施並行，讓大家高高興興地來，歡歡喜喜地回去，然後還歸本處。

明智居士對善財童子說：「善男子，我所顯示的就是這個『隨意出生福德藏解脫門』的境界，至於說到那些大菩薩的大布施，像利用他們所成就的寶手，遍覆一切十方國土，以大自在神通的力量，普施一切資生的物品，如施予種種的財寶、瓔珞、寶冠、衣服、音樂、香花、寶蓋、幢幡，在眾生的住處及諸佛眾會的道場，用來成熟一切眾生，與供養一切諸佛的情形，我那能知道得詳盡，那能向你述說得明白呢？你就再繼續向南方的大城——師子宮前進吧！那裡有一位法寶髻長者，讓他再進一步告訴你！」

善財童子歡喜踴躍，對明智居士更是恭敬尊重，以弟子的禮節再次向他頂禮瞻仰，繞無量匝後，才依依不捨地離去。

第十五參

法寶髻長者

別離了明智居士的道場，一心向南方師子宮城走去的善財童子，這天已經進入師子宮城，只見這座城內的居民，熙來攘往，非常熱鬧。

善財童子繞了城內一圈，尋找法寶髻長者的蹤影，後來在街道上看到一位滿腮鬍鬚的長者，人家說他就是法寶髻長者。

善財童子走上前去，向長者頂禮過後說：「聖者，我已經發了菩提心，只是還不知道一個行者應該怎麼去學菩薩行，修菩薩道，希望聖者能夠指導我，讓我能趣向一切智門。」

法寶髻長者很熱心地拉著善財童子的手，往他家的方向走去，他們一面走，長者一面說：「善男子，你就暫且先去看看我家吧！看它和別的地方有些什麼不同？」

不一會兒，長者指著一所宅院，要善財童子仔細看看，當然它就是法寶髻長者的住宅了。

善財童子看到這所住宅清淨光明，以真金所成，以白銀為牆，玻璃為殿，紺青色的琉璃寶，築成一層層的樓閣，硨磲妙寶作成種種的支柱，赤珠摩尼嵌在滿座的師子座上，上面還覆蓋著真珠網縵，看起來倍覺富麗堂皇。

宅前的空地上，有許多閃爍著瑪瑙光芒的寶池，香水盈盈，沁人心脾。寶池的周圍，排列著無數整齊的寶樹，當清風徐來，枝葉上發出沙沙的響聲，令人感到心曠神怡。

法寶髻長者的住宅，顯得非常廣大，共有十層八個大門。善財童子進了大門以後，便開始觀察它的特色。他看到最下的一層，布施著種種的飲食；第二層布施寶衣；第三層布施日常用品；第四層布施一切上妙珍寶；第五層有許多證得五地的菩薩，在那兒演說正法，做利益人天的事；第六層有無數已經通曉甚深智慧，明達諸法本性，成就廣大總持三昧及無障礙門的菩薩，正演說般若波羅蜜法門；第七層有很多能夠以方便智慧，分別觀察出離心而不執著於世俗的名相，以至於聞持諸佛正法的菩薩，在那兒弘揚佛法；第八層有無量數的菩薩，他們都已經證得神通，獲得不退轉位，又能以一音遍滿十方佛剎，他們的法身普現一切道場法界，普入佛境，普見佛身，在一切諸佛的法會中，位列上首，演說妙法；第九層有許多一生補處的菩薩，在那兒集會；最上一層一切如來充滿其中，從初發心、修菩薩行、超生死、成就大願及神通力、淨國土與道場、轉法輪、調伏一切難度的眾生；像這樣從初發心到成佛的種種歷程，從財布施到法布施，以至於一切圓滿的布施，都很明白地顯現出來，使善財童子看得一清二楚。

善財童子觀察這不可思議的功德所顯示的境界之後，就向法寶髻長者說：「聖者，如此的清淨大眾，大家能夠聚集在一起，真是非常難得，不知道聖者以前種了什麼善根，今天才能夠獲得如此殊勝的果報？」

長者說：「善男子，你所問的，這已經是很久以前的事了！那是無邊光明法界普莊嚴王如來住世的時候吧！有一天，我看到如來進城，就奏著樂音，焚一丸香去供養他，我把這個功德向三個地方回向：一、永離一切貧窮困苦。二、常見諸佛及善知識。三、常常得聞正法。」

「善男子，不要以為奏樂焚香供養如來，這是微不足道的事，可是它確確實實地使我獲得今天這麼大的福報。」

「善男子，我也因為這個緣故，才證得『菩薩無量福德寶藏解脫門』。至於那些大菩薩們不可思議的功德寶藏，以及他們所深入的種種無分別的三昧境界而無所厭倦的情形，那便不是我所能敘說得盡的。你就再向南方藤根國的普門城向普眼長者請教去吧！」

聽完了法寶髻長者的這一番話，善財童子心中充滿了無限的感激，他向長者禮謝過後，又繞了無數匝，才向南方走去。

第十六參

普眼長者

從師子宮城走向藤根國的途中，只有一條荒僻的小徑，小徑的兩旁，長滿了葛藤與荊棘，阻礙行人通行。勇猛精進的善財童子，為了眾生，絲毫也不把它放在心上。他不怕苦，不怕難，勇敢地披荊斬棘，向前邁進，歷盡千辛萬苦，這天終於遙遙望見普門城的大門。

善財童子進了普門城，也找到普眼長者，向他合掌頂禮說：「聖者，我已經發了菩提心，但不知道行者應該如何學菩薩行、修菩薩道，以求能知如何利益眾生？希望您能指導我！」

長者告訴善財童子說：「好極了，善男子，你已經能夠發大菩提心，真是非常令人讚歎。」

「善男子，我在這個城市是一位懸壺濟世的醫師，我熟悉一切眾生的疾病，像那些風寒、痰熱、鬼魅、蠱毒，以至於被水所溺，被火灼傷，我都能夠運用方便的方法去治療他們。」

「善男子，十方一切世界的眾生，凡是生了疾病來向我求治的，我無不盡心盡力去治療他們，即使在病癒的時候，我也要準備香湯，讓他們沐浴，清淨因疾病污染了的身體；同時，我也要拿出許多香花瓔珞，名貴衣服，以及種種莊嚴的飾物、美味的飲食、昂貴的珍寶去送給他們，使他們獲得生活上的滿足，因為這些生病的眾生，絕大多數是由貧窮引起的。我們如果能夠提高他們的生活水準，改善生活品質，往往可以解除他們很多的痛苦。」

「善男子，在治療疾病的時候，我也不忘記隨機為他們說法。我為貪欲的人說不淨觀，為瞋恚的人說慈悲觀，為愚痴的人說如何分別種種的法相，為等分行的人顯示殊勝的法門。為了要使人生起大悲心，我就顯示無量生死苦惱的幻相；為了增長功德，我教他們讚歎修集福智；為了發大誓願，我教他們如何調伏一切眾生；為了修習普賢行，我向他們解說如何修一切行；為了具有佛陀相好，我就教各種各樣的波羅蜜法門，以滿足他們的心願。」

「善男子，像這樣，我盡心盡力教過他們之後，才讓大家帶著歡喜的心情，各自離去。」

「善男子，我因為從事醫藥的調製，同時也懂得調和眾香的方法，像那些無等香、辛頭波羅香、無勝香、覺悟香、阿盧那跋底香、堅黑栴檀香、烏洛迦栴檀香、沉水香、不動諸根香等，我用這些香去供養成諸佛之後，祈求救護一切眾生，嚴淨一切諸佛剎土，供養一切如來的心願，也都能如願。」

「善男子，我也只知道所證得的這個『令一切眾生普見諸佛歡喜法門』而已，如果你還要去了解那些大菩薩們如何為大藥王的種種功德，那請你就再向南方的多羅幢城無厭足王那兒參訪去吧！」

善財童子懷著無量的歡喜心，很恭敬地向普眼長者頂禮之後，又殷勤瞻仰了好一會兒，才依依不捨地向南方前進。

第十七參

無厭足王

拜別了普眼長者，善財童子一路想著，我這些日子來由於能夠參訪善知識，承蒙他們慈悲地攝受我、守護我，使我發大菩提心，獲不退轉，善知識對我的幫助實在太大了。

善財童子走過了許多國土，許多村邑，許多聚落，這天在日落時分，他來到多羅幢城。

等他問明了無厭足王的住處，正待去參訪的時候，有一個年輕人告訴他說：「我們的皇上，現在應該還在正殿上處理政事呢？」

「哦！這麼晚了，你們的皇上還不休息嗎？」善財童子很驚奇地說。

年輕人說：「我們的皇上是一個勤政愛民的君主，他常常為我們的福利，工作到深夜呢！他每天在處理罪犯的時候，總是將那些可以感化的感化，不能感化的便加以處罰。遇有諍訟的事，一定決斷清楚；對於孤弱殘疾的人，特別注重撫育的工作。他常叫我們要斷除殺盜、邪淫、妄語、兩舌、惡口、綺語，鼓勵我們遠離貪瞋邪見。我們的皇上是一位不可多得的賢君。」

善財童子說：「你說你們的皇上會處罰人嗎？」

年輕人說：「是的，我們的皇上對於那些違犯命令的，盜取他人財物的，殘害他人生命的，侮辱他人妻女的，或者是心懷邪見、瞋恨、貪嫉的人，就命令部下，將他們綁縛起來，依照各人所犯的罪過，施以應得的處罰，這些處罰包括斷手足的、截耳鼻的、挖眼睛的、砍腦袋的、剝皮的、火焚湯煮的，或者從高山上推落下來的，應有盡有，不一而足，就像在眾合大地獄中的處罰一樣。」

善財童子聽了大驚失色，白言自語著說：「我為了利益一切眾生，才修菩薩道，求菩薩行，今天這個國王不以仁政治天下，用這樣慘無人道的嚴刑峻法來迫害人民，作了這麼大的罪業，哪裡值得我去參訪呢？」

想到這裡，善財童子心裡不免有些猶豫。

這時他忽然聽到空中有天神在告訴他說：「善男子，你應當不要忘記善知識——普眼長者對你的教導呀！」

善財童子說：「我那裡敢忘記呢？」

天神說：「既然如此，那麼你就應當接受他的導引，不要疑惑呀！要知道，菩薩們往往有他的善巧方便，用各種不同的方法去攝受、護念、成熟、守護、度脫、調伏無量無邊的眾生，這些善巧方便，不是我們從表面上看就能夠下斷語的，你必須深入了解，才能明白他們的苦心。」

善財童子聽到這些話後，恍然大悟。他立即去見無厭足王，向王頂禮著說：「聖者，我已發了菩提心，但不知道一個行者應該如何學菩薩行，修菩薩道。我聽說聖者善能教誨，希望您能為我解說。」

正巧這時無厭足王所要處理的政事，已經告一段落，他拉著善財童子的手，直向宮中走去，順手指著一個寶座說：「來，我們一同坐下，坐下來好說話！」王又繼續說：「善男子，請你仔細地看看我所住的宮殿吧！這些宮殿廣大無比，都用許多珍寶莊嚴而成的，像周匝圍繞的七寶圍牆，耀眼奪目的樓閣，不可思議的摩尼寶網，那一樣不是稀世珍寶。你再看看我這些端正有禮的侍女，威武不屈的士卒，聚集其中，他們對我是這樣地盡忠盡責，假如我是一位殘暴不仁的君王，他們肯這樣為我效勞嗎？假如我是一位兇惡毒辣實作如是惡業的獨夫，我們如何能得如此的果報，如此的色身，如此的眷屬，如此的富饒，如此的自在呢？」

「善男子，我所證得的就是這個『如幻解脫門』，以前在我的國土中，有許多眾生行殺盜、邪見等諸惡業，我為了調伏他們，不惜化作惡人，造下種種惡業，訂出種種苦刑去制裁那些作惡多端的人，我要使這些人心生恐懼，斷除一切惡業，發無上的菩提心，以獲得究竟安穩的快樂。」

「善男子，我為了眾生，用這樣的善巧方便，甘冒將來可能墮入無間地獄受無量無邊痛苦的危險，去改正他們，拯救他們，我的心裡哪裡憎恨過他們呢？」

「善男子，即使對於一隻蚊子或者螞蟻，我也不曾憎恨過他們，何況是活生生的人呢？」

「善男子，人性本善，人人可以做善事，可以隨時隨地種福田，即使一時糊塗做下了錯事，只要他們痛改前非，放下屠刀，立地便可成佛，對於未來的『諸佛』，我們還能去憎恨他們嗎？」

「善男子，從我所證得的這個『如幻解脫門』，可以領悟到其實沒有一個眾生，真正天生就是一個壞胚子，他們或許一時做錯作惡，也都是為了貪妄執著的緣故，我們應悲憫他們，設法用各種不同的方法引導他們改過遷善，發揚善良的本性，這才是菩薩們的真正胸懷。」

「善男子，我所了解的境界就是如此，至於那些大菩薩們，普入一切平等三昧而得大自在的種種殊勝功德，那裡是我所能敘說得盡呢？從這裡再向南方走去，有一個妙光城，那裡有一位大光王，你就去向他參訪吧！」

善財童子滿懷感激，向無厭足王頂過禮後，繞了無數匝，才向南方走去。

第十八參

大光王

不畏千辛萬苦，一心參訪善知識，走遍了千山萬水，經過數不清的城邑聚落，曠野岩谷，也遇到了數不清的艱難險巇，仍然沒有退卻與懈怠的善財童子，這天到了一個大城，只見這個大城以金、銀、琉璃、玻璃、真珠、硨磲、瑪瑙七寶築成，城外有七寶深塹，層層圍繞了七重，塹底由金沙布地，有潺潺的聲音，正是八功德水正在流動著。

寶塹的兩岸栽種著七重寶多羅樹，有七重的金剛短牆一層一層的將它圍繞起來。

這個城市縱橫十由旬，有八個大門直通城外，這八個城門也都由七寶嵌成。城內人口眾多，生活富裕，原來它就是鼎鼎有名的妙光城。

妙光城有一座金碧輝煌的樓閣，名叫正法藏，這是城主大光王施政發令的中心。

善財童子對於沿途所看到的一切珍寶妙物，都沒有絲毫的留戀，一心一意只想求得究竟的佛法，他見大光王坐在莊嚴的師子座上，身上現出二十八種大人及八十種隨好的瑞相，心中生起萬分的敬意。

善財童子向大光王五體投地，恭敬禮拜過後，說：「聖者，我已先發了菩提心，但還不知道一個行者應該怎麼樣去學菩薩行，修菩薩道，我聽人家說聖者誨人不倦，希望能指導我！」

大光王說：「善男子，我所證得的法門就叫做『大慈幢行解脫門』，我用這個法門教導我的人民，我以大慈心去利樂人民，以大慈力去治理我的國家，我無時無刻不在設法使我的人民身心獲得清淨而沒有煩惱，能夠斷生死愛，求得畢竟的快樂。」

「善男子，在我的國土生活中的人民，因為我慈心慈力的加被，心裡都沒有任何的恐怖。」

「善男子，假使我的人民，當他們貧窮困乏的時候，只要來到我的住所，對我有所需求的，我一定儘量供給他們，直到滿足為止。當這個時候，我一定要告訴他們：諸惡莫作，眾善奉行，不生邪見，不要執著，即使在貧窮的時候，也不能動搖心志。」

「善男子，在妙光城所住的人民，所見所受與所處的環境，都因各人的業力感召而有所不同：有的看到這是一座大城，有的說它是一個小邑；有的看到城裡的土地都是砂礫堆成的，有的說它是黃金鋪地；有的看到周圍的城牆是奠土敷成的矮牆，有的說它閃耀著金色的光芒；有的看到它的土地崎嶇坎坷，有的則說它是一平如鏡；有的看到屋宇房舍都是土木砌成，有的說一磚一瓦，無非妙寶。」

「善男子，倘若眾生，他的身心清淨，深植善根，供養諸佛，發心趨向菩提大道，以求得究竟的安樂，那麼他們所看到這個妙光城的一切，就都由眾寶嚴飾而成；相反的，則所見到的都是一片污穢。」

「善男子，記得往昔在五濁惡世的時代，這個城市的人民，做的盡是壞事，我很哀愍他們，也決心救護他們，於是我就深入以大慈為首，隨順世間三昧的法門，當我進人這個三昧法門時，由於我的慈光普照，於是所有怖畏心、惱害心、怨敵心、諍論心，就都逐漸消失。這都是由於以大慈為首，隨順世間的三昧法門所帶來不可思議的成就願力所促成，它的境界，現在就讓我來顯示給你看看吧！」

於是大光王即刻進入三昧，這時城內城外，大地震動，只見寶地、寶牆、寶堂、寶殿，以及一切的台觀、樓閣、階砌、戶牖，都流出柔和悅耳的雅音。城內城外所有的居民，大家歡天喜地，一起來到大光王的面前，向他恭敬禮拜。即使天上飛的飛禽，地上爬的走獸，也都互相瞻視，生起慈悲心。還有那些龍王、天神，都歡喜供養，甚至專門飲血食肉的夜叉、羅剎，也都生出慈心，捨棄惡行，向大光王恭敬合掌，禮拜讚歎。

不一會兒，大光王從三昧定中坐起，告訴善財童子說：「善男子，這個三昧法門，雖然和無厭足王如幻解脫門的方法不同，但兩者同是為了適應眾生方便的目的則完全如一。善男子，你還是繼續朝著南方的安住城向不動優婆夷參訪吧！」

善財童子滿心歡喜，他向大光王頂禮過後，又繞了無數匝，然後不停地向南方繼續走去。

第十九參

不動優婆夷

辭別了大光王，走出令人懷念的妙光城，善財童子邁著堅定不移的腳步，向安住城前進。

一路上善財童子想到在他以前所參訪的善知識們，個個為了眾生，奮不顧身去為大家謀福利，不由得感動得淚流滿面。

這時，善財童子忽然聽到空中傳來天神的聲音，對他說：「善男子，請你不要流淚悲泣，只要你能順著善知識們的教誨，努力修持，那麼不但是善知識，就是諸佛世尊也都非常歡喜呢！請你收起感傷的心，趕快去見不動優婆夷吧！」

善財童子如夢初醒，趕忙向安住城疾步前進，不多時，他遠遠地看見巍峨的城門，已矗立在眼前。

到了城裡，他向人詢問不動優婆夷的住處，經過人們的指點，他才知道原來不動優婆夷，是一位童貞的少女，現在正在自個兒的家裡，為她的家族及大眾說法呢！

善財童子懷著歡喜心，立刻去求見她。到了不動優婆夷的住處，只見這個住宅被一片金色的光芒籠罩著，凡是觸到它的光芒，周身頓覺清涼無比。善財童子這時候也感到身心無比的柔軟舒適。同時他又聞到一股奇異的妙香，這種妙香絕非諸天龍、乾闥婆，人與非人所能擁有。善財童子心裡不禁讚歎著，隨即誦出一首偈語：

守護清淨戒，修行廣大忍；
精進不退轉，光明照世間。

善財童子誦完了這首偈語對不動優婆夷說：「聖者，我已先發了菩提心，但不知道一個行者，應該如何學菩薩行，修菩薩道，我聽說聖者很能誘導，希望有所教我！」

不動優婆夷用菩薩的柔軟語氣告訴善財童子說：「真好呀！善男子，

你能發菩提心，這是非常難得！」

「善男子，我已經證得『菩薩難摧伏智慧藏解脫門』、『菩薩堅固受持行門』、『菩薩一切法平等地總持門』、『菩薩照明一切法辯才門』、『菩薩求一切法無疲厭三昧門』。」

善財童子說：「聖者，您所證得的這些法門中，它們的境界如何呢？」

不動優婆夷說：「善男子，我所證得的法門境界，確實也很難說得清楚！記得在過去世離垢劫中，正是修臂如來住世的時候，那時有一位國王，名叫電授王，我是他的女兒。在一天晚上，正是夜闌人靜的時刻，我輕倚樓閣的欄杆，仰望滿天星斗，大地是一片沉寂，夜色清涼如水，我的心裡也感到一片清涼。忽然，天空中一片光明，修臂如來在無數的天龍八部、諸菩薩眾共同圍繞之中出現。」

「如來周身大放光明，照遍了十方無量無邊的世界。從如來的毛孔中，散發出一陣陣的妙香，當我聞到這股妙香，全身感到柔軟舒適，心裡充滿了喜悅，不知不覺地走下樓來，跪在地上向如來頂禮。緩緩地，我抬頭瞻仰如來的圓滿德相，看到佛身巍巍蕩蕩，非常高大，看不到邊際，而且諸相隨好，光明具足，我心裡就在想：如來不知修持什麼清淨業，才能獲得這樣上妙的身相。」

「當然如來了解我的心念，他告訴我說：『善女人，你要發心，要發不可壞心，去滅除煩惱；要發無能勝心，去戰勝執著；要發無退怯心，去深入法門；要發能堪耐心，去救度惡行的眾生；要發無迷惑心，去一切趣中受生；要發無厭足心，不斷地去向諸佛求法；要發無知足心，去承受如來的法雨；要發正思惟心，普生一切佛法的光明；要發大住持心，常轉一切諸佛的法輪；要發廣博的流通心，隨順眾生的需求，布施佛法。』」

「善男子，當時聽到如來對我所說的這些話以後，我就發心要求佛的一切功德，我發心要求佛的一切智，求佛的十力、辯才、光明、色身、相好、眾會、國土、威儀、壽命，我的心就像金剛石一樣地堅固，沒有生死煩惱，也不起瞋心、我見、迷惑、妄失。」

「善男子，從這時候起，我就能常見諸佛，常見菩薩，常見善知識，常以清淨光明去除滅眾生的煩惱，常以智慧去生長一切眾生的善根，常以眾生的好樂去為他們現身說法，常以清淨上妙的言音去開悟法界的一切眾生。」

「善男子，我所證得法門的境界，你要看看嗎？」

善財童子說：「那真是太好了！希望聖者慈悲，能夠顯示予我！」

於是不動優婆夷坐在龍藏師子座上，深入三昧，十方不可說佛剎微塵數的世界，立即受到震動而改變，成為清淨琉璃的世界。在每一個世界中，有百億四天下，有百億如來，都顯示出他們為清淨的大眾，大轉法輪的過程：從兜率天、成佛、涅槃，無不使人看得一清二楚，明明白白。

隔一會兒，不動優婆夷又從三昧定中坐起，對善財童子說：「善男子，我所證得的這些安住、不動的法門境界，你現在都看見了吧！不過我所知道的範圍，仍然有限。像那些大菩薩們似金翅鳥一樣遨行虛空，沒有什麼障礙，見到有善根的人，便引導他們直入菩提的彼岸；像客商們進入大寶洲去採取如來的十力智寶；漁夫們拿著正法網，在生死海中，去撈漉無量無邊受苦眾生的這些大功大德大行的境界，就不是我所能夠述說得盡的。南方的都薩羅城，有一位遍行外道，你可以去向他參訪，請他進一步告訴你！」

善財童子聽完了這句話，對於不動優婆夷的教導與引見，心裡非常感激，他立即向她再次的頂禮瞻仰，才踏著輕鬆愉快的腳步，一步一步地向南方走去。

第二十參

遍行外道

辭別了不動優婆夷，一心一意懷著虔誠的信念，繼續向南方行走的善財童子，經過了許多城市與村莊，這天黃昏時分，終於到了都薩羅城。

進了城裡，就到處向人打聽遍行外道的住處，想不到別說沒有一個人知道他的住處，就連有這麼一個人，大家也都茫然。

天色漸漸暗了，善財童子心中異常著急，正在不知如何是好時，他忽然看到城東有一座山，發出紅色的亮光，頃刻之間，照遍了整個大地，使大地呈現一片光明。

善財童子心中浮現一片欣悅，他認為所要參訪的聖者必定在這個山上。

第二天，他向人問明了它的山名，原來它叫善德山，善財童子果然不久就在山上一塊平坦的空地，看到一位行者正在徐步經行，當然他就是遍行外道了。

這位遍行外道色相圓滿，威儀十足，就是大梵天王也比不上他。

善財童子走過去向他頂禮著說：「聖者，我已經先發了菩提心，但是卻還不能夠知道一個行者應如何學菩薩行，修菩薩道，我聽聞聖者循循善誘，希望能夠指導我。」

遍行外道說：「很好呀！善男子，我已經證得『至一切處菩薩行』，也已成就『普觀世間三昧門』、『無依無作神通力』、『普門般若波羅蜜』了。」

「善男子，我常到這個世間種種的地方，去向種種的形貌、行動、見解不同的眾生，那怕是天、龍、夜叉、乾闥婆、阿修羅、迦樓羅、緊那羅、摩睺羅伽、地獄、畜生、閻羅王界、人、非人等的一切眾生，不管他是有執著邪見的，信二乘的，信大乘的，我都能用種種的方便法門去為他們謀求利益。有時演說世間種種的技藝及方便的四攝法，或者說諸種波羅蜜，或稱讚發菩提心及諸菩薩行，或說造惡業的要受地獄的苦報，供養諸佛、種善根的將獲得一切智果，或說如來的功德、威力，使大家樂於親近佛法。」

「善男子，在這個都薩羅城中，無論男女老幼，富貴顯達，甚至販夫走卒，我都能夠隨著各人的根機及需要，化成和他們同樣的形體而說法，說起來甚為有趣，每當這個時候，大家卻還不知道我到底是什麼人，從什麼地方來呢？只是這些人都在不知不覺之中，實行我所告訴他們的佛法而已。」

「善男子，這個世間上有九十六種外道，各有各的邪見，不容易教化，我都能設法一一改變他們的觀念，我不在這個都薩羅城，利用種種的方便去度化眾生，就是在其他的城市、聚落，甚至他方的世界，包括三千大千世界，十方無量世界，我也能夠隨著眾生的喜樂，用種種的方便，種種的法門，現種種的色身，以種種的言語，去為他們說法。」

這時，善財童子心裡突然生出一個疑問，向遍行外道說：「聖者，您以這樣種種方便的法門，去度化眾生，真是令人讚歎，但是我不明白的是聖者為什麼不直接表示自己是位佛教行者，為什麼要這樣祕密進行，讓大家不知道您真正的身分呢？」

遍行外道說：「你的看法固然不錯，但是在一個佛法仍不十分普遍，外道猖獗，邪說橫行的地方，你如果一開始便表示你的真正身分，他們這些人因為成見在先，就不容易接受你的教化。甚至有些人反而會惡意毀謗佛法，造下罪孽，這不是很可憐嗎？我經過這樣化裝，先進入他們的圈子，和大家打成一片，以便潛移默化，隨機度化，這樣所收到的效果往往是出乎意料地好。」

「善男子，佛法以慈悲為本，方便為門，只要根本不變，弘法的方法不妨多加變化，不必拘泥於千篇一律的方式！」

「善男子，我所證得的『至一切處菩薩行』等法門就是如此而已。你如果要再作進一步的探討，我介紹你到南方的廣大國見鬻香長者——優鉢羅華！請他再繼續告訴你！」

善財童子心中恍然大悟，充滿了法喜，向遍行外道很恭敬地頂禮瞻仰，又向南方的大道邁進。

第二十一參

優鉢羅華長者

承受著善知識熱心的教導，不顧生命，不願沉溺在人群、五欲，眷屬、名位的苦海，全心全意，只希望度化一切眾生、嚴淨諸佛國土、供養一切諸佛、證知諸法實相、修集一切菩薩大功德行，直至專求一切諸佛功德的善財童子，這天到了南方的廣大國，很容易地找到鬻香長者——優鉢羅華。這位鬻香長者在城中開設一家香舖子，一問便很容易找到。

善財童子來到長者的面前，很恭敬地向他頂禮過後，說：「聖者，我已經發了菩提心，想求得一切佛的平等智慧、無量大願、最上色身、清淨法身、廣大智身，以及欲淨一切菩薩諸行，照明一切菩薩三味，安住一切菩薩總持，除滅一切所有障礙，遊行一切十方世界，但不知道如何方便較易可行，希望您能詳細地告訴我。」

長者說：「善男子，這是一個大題目，不是三言兩語就能說得清楚，也不是我所能了解的，我是一個賣香的老人，只知道關於香的知識，現在就拿它來告訴你吧！」

「善男子，我因為賣香賣了好久，所以能分辨有關香的類別，也懂得調製香的方法。所謂香包括燃燒用的燒香，塗抹用的塗香，撒放用的末香；所謂香也包括天香、龍香、夜叉香，還有乾闥婆、阿修羅、迦樓羅、緊那羅、摩睺羅伽、人非人等諸香。」

「善男子，人間有一種香叫象藏香，那是因為兩條龍在相鬥時所產生的，這種香只要拿出小小的一粒，燃燒起來就能夠香雲濛濛覆蓋全城，在七天之中，凡是身體或衣服碰觸到的，都會呈金黃色，隨著微風吹來而聞到這種香味的人，在七天七夜之中，身心將會保持歡喜與快樂。」

「善男子，離這裡不遠的摩羅耶山中，出產一種牛頭栴檀香，用它來塗抹身體，即使跳入烈火燃燒著的火坑，也不能傷害到人。大海中有一種叫無能勝香，把它塗抹在戰鼓和法螺上，能發出一種微妙的聲音，一切敵軍聽到了，就不戰而潰了。阿那婆達多池邊，有一種蓮華藏的沉水香，只要燃燒像芝麻那麼大小的一粒，香氣就能薰遍整個的閻浮提界，聞到的眾生能斷離一切惡業，成就清淨的成品。」

「善男子，雪山有一種阿盧那香，凡嗅到這種香氣的眾生，他的心就能產生離棄染著的念頭，一為他們說法，沒有不能得到離垢三昧的。羅剎所住的地方，也有一種海藏香，為轉輪聖王所用，轉輪聖王取它小小的一粒燃燒後，他和他的四軍，立即昇騰虛空。」

「善男子，善法天中有一種淨莊嚴香，拿出一粒燃燒，諸天都能發心念佛。須夜摩天也有一種淨藏香，燃燒起來，天眾都會立即來聽聞諸法。」

「善男子，兜率天有一種先陀婆香，在一生補處菩薩座前燃燒，能夠興起遍覆整個法界的香雲，從香雲中落下許多供養品，供養一切諸佛菩薩。善變化天也有一種奪意香，燃燒後，在七天之中，都能落下一切莊嚴器具，把大地莊嚴得清淨無比。」

「善男子，我所知道的就是這些香的調製方法，至於那些大菩薩們如何遠離一切諸惡的習氣，斷除煩惱眾魔的羂索，用智慧香來莊嚴自己，沒有染著，沒有過失，讓心境平等的一切妙行功德，我那裡能敘說得盡呢？我就介紹你到樓閣大城向婆施羅船師請教吧！」

善財童子連聲道謝，等他頂禮過後，又瞻仰一會兒，就向南方的大道走去。

第二十二參

婆施羅船師

善財童子在向樓閣大城前進的路上，他看到自己所走的道路有高有低，有平坦有危險，有污穢有潔淨，有彎曲有平直，一定要先了解它的屬性，才不會發生危險；同樣地他又了解到要想走好人生的道路，唯有聽從善知識的指導，才不會發生危險，因為善知識們都是過來人，能夠做出正確的指導。想到這裡，他油然而生出對善知識們更加崇敬的心。

走了不多天，已經看到了樓閣大城。婆施羅船師住在城門外海岸邊的一隅，有許多商人打扮的人，圍繞著聽他演說大海法。

善財童子走上前去，向他頂禮著說：「聖者，我已經先發了菩提心，但不知道一個行者應如何學菩薩行，修菩薩道，我聽說聖者在這方面很有成就，希望能告訴我。」

船師說：「非常好呀！善男子，你能發菩提心，是多麼令人讚歎。」

「善男子，我住在這個海岸的一隅，專修『菩薩大悲幢行』，以前我看到這個城內的貧窮眾生，實在太多了，為了救助他們，我就勤修出海的苦行，所得的一切財寶，盡數用來布施，使大家獲得生活上的滿足，一旦生活的憂慮解除了，我又為他們說法，施行法布施，讓大家心中歡喜，信受奉行。」

「善男子，我知道海上出產珍寶的地方，也能夠鑑別珍寶的種類、價值、用途，以及如何鑽探的方法；我也知道一切的龍宮、夜叉宮、部多宮的地方，並且善於迴避，避免和他們正面遭遇，以免除災難。我航行在海上，能夠分辨海上的漩流、深淺、波濤，以及航程的遠近，水色好惡的不同。我又能夠認識日月星宿運行的度數，晝夜長短所形成的原因，我也知道製造船隻的材料是由鐵皮還是木頭做的，是堅固或是脆弱的？船上的機器齒輪是否滑潤或生澀？尤其是將在啟碇的時候，我還能測知水流的強弱，風力的大小、順逆，是不是適合這次的航行，會不會發生危險，可以航行就航行，不可航行就延後數日，不要勉強。」

「善男子，我因為具備了航海的知識，所以能利益一切眾生。我用上好的船載運他們走最安全的航線，在半途中常為他們說法，等到了寶洲，便指導大家一起採寶，務使大家皆大歡喜，滿載而歸。」

「善男子，從我開始航海以來，像這樣地來往海上，從沒有發生過意外。凡是遇見我的眾生，聽到我說法的，都能不怖畏生死海的危難，我能使大家進入一切智海，消竭諸愛欲海，到達光明的彼岸。」

「善男子，我因為證得『大悲幢行』，所以能用這樣的方法利益眾生，凡是看到我的，跟隨我的人，都不會空手而回。但是如果說到那些大菩薩們能游涉生死大海，不染一切諸煩惱海，捨離諸妄見海，能觀察一切諸法性海，以四攝法去攝取眾生，使他們安住於一切智海，滅除一切苦海的無量功德大行，就不是我所能述說得明白了。在南方可樂城有一位無上勝長者，他可以為你作進一步的說明，你就去向他參訪吧！」

由於婆施羅船師的熱心教導，善財童子深受感動，再三向他頂禮瞻仰，又繞了許多匝，才戀戀不捨地離去。

第二十三參

無上勝長者

善財童子參訪了婆施羅船師，聽過他的說法，心裡已經生起大慈周遍心，大慈潤澤心，捨離一切煩惱塵垢，拔不善刺，滅一切障，生出堅固精進心，使智慧的花朵大為開放，感覺到心胸無障無礙，充滿法界。他以這樣的心去勤求菩薩道，以這樣的心去參訪善知識。不久，就到了可樂城，看到有一位長者坐在城東大莊嚴幢無憂林中，有許許多多的商人，許許多多的居士，圍繞在他的周圍。

原來他就是無上勝長者，正在為人決斷一件件千奇百怪的紛爭。

善財童子起初不敢打擾，默默地在旁邊站立，不一會兒，長者已經將茫無頭緒的一件件訟案決斷清楚，讓大家口服心服，皆大歡喜以後，他才接著說：「不要爭訟吧！訟終者凶，我們要拔除一切的我慢、我執、慳吝、嫉妒，使自己的心裡獲得清淨，沒有穢濁，這樣便能受持佛法，深入菩薩道。假使每一個人都能夠做到這樣，那世間上還有什麼可爭訟的呢？」

聽了這些話的善財童子，深覺很有道理，便走上前去向長者頂禮然後說：「聖者，我是善財！我是善財！我是為了專求菩薩行，修菩薩道而來向您請教的，一個行者在修學時，要如何才能化度一切眾生，現見一切諸佛，聽聞一切佛法，深入一切法門，能知一切如來神力，受一切如來護念，得一切如來智慧？聖者慈悲，希望您能告訴我！」

長者說：「多令人讚歎呀！善男子，你的苦心真令人敬佩。其實我所知的佛法，仍然有限，只是我已經成就了『至一切處菩薩行門』的無依無作神通力的緣故罷了！」

「善男子，什麼叫做『至一切處菩薩行門』呢？它是這樣的：在這個三千大千世界中，不管他是天人或者凡夫，凡是有眾生住的城市或村莊，我都常去為他們說法，我努力地使眾生捨棄諍論、鬥爭、忿怒與怨結，那些身繫囹圄的人，我會盡力找出他們犯罪的原因，教他們如何懺悔，使早日走出牢獄，重享自由。我也教他們斷除殺生、邪見等的一切惡業，樂於做一切善法，學習一切技藝，能擁有一技之長，以便服務眾生，利益人群。那些順行外道的入，我也喜歡為他們說外道的智識，使能斷除邪見，漸漸歸向佛法。」

「善男子，我不但為這個世界的眾生說法，同時也為其他一切世界的眾生說法，我為他們說佛法、菩薩法、聲聞法、獨覺法，也為地獄受苦的眾生，說輪迴痛苦的道理，以及超越的方法。」

「善男子，我為眾生開顯菩薩的功德，使其捨棄生死，消除迷惑。為了顯示寂滅的快樂，我叫眾生捨棄貪妄執著；為了證得如來的無依法，永滅諸煩惱而能轉正法輪，我也為眾生明白地指出，應該如何修行的方法。」

「善男子，我也僅知這個『至一切處菩薩行門』的無依無作神通力而已。至於大菩薩們如何具足一切自在神通，使能隨意遍往一切佛剎，很清楚地聽到一切如來音聲言說，求取身相妙好，和諸菩薩、如來無有差別的大功德行，我那裡能敘述得盡呢？南方輸那國的迦陵迦林城，有一位名叫師子頻申的比丘尼，學識淵博，具大功德行，你就去參訪她吧！」

善財童子聽了，心中萬分的喜悅，連忙向長者恭敬地再次頂禮，並繞了無數匝，才向南方繼續走去。

第二十四參

師子頻申比丘尼

善財童子懷著虔誠的心，走了不數日，就到了輸那國的迦陵迦林城。進入城裡，他急忙向人求教師子頻申比丘尼的住處，這時很多人告訴他說：「師子頻申比丘尼，現在正在勝光王所布施的日光園對眾生說法。」

善財童子立即朝向日光園走去。進入園裡，他看到這裡有許許多多的寶樹，發出種種的音聲、光明與香氣，加上樹與樹間，還有彎彎曲曲，清澈見底的溪流，溪底凝積著黑栴檀泥，上面覆蓋閃閃發亮的金沙，八功德水緩緩流動，還有許多鳥兒在樹中穿梭不停，發出柔和美妙的雅音，使人聽了心裡無比的舒暢。

日光園中每一顆寶樹下都敷設一個師子座，這個師子座的周圍，還有許許多多較小的樹座圍繞著，個個都非常莊嚴。

善財童子在這個園林中，看到三千大千世界有無量的天龍八部和諸類眾生，都來到這裡聽經聞法，但一點兒也不感到擁擠，這些都是由於頻申比丘尼廣大清淨福德善業所成就，對於她那不可思議的威神力，衷心更加欽敬。

最奇妙的是，善財童子看到所有的寶樹下大師子座上，都同時坐著身相莊嚴，威儀寂靜的頻申比丘尼，分別為一切眾生，演說種種不同的法門：他看到淨居天眾，圍繞著一個師子座，大自在天子為上首，頻申比丘尼在為他們說無盡解脫法門；又看到諸梵天眾，圍繞著一個師子座，愛樂梵王為上首，頻申比丘尼為他們說普門差別清淨言音輪法門；也看到他化自在天子與天女，圍繞著一個師子座，自在天王為上首，頻申比丘尼為他們說菩薩清淨心法門；像這樣，頻申比丘尼分別為善變化天說一切法善莊嚴法門，為兜率陀天說心藏旋法門，為須夜摩天說無邊莊嚴法門，為三十三天說厭離門法門，為百光明龍王、難陀等龍王們說佛神通境界光明莊嚴法門，為諸夜叉說救護眾生藏法門，為乾闥婆眾說無盡喜法門，為阿修羅眾說速疾莊嚴法界智門法門，為迦樓羅眾說怖動諸有海法門，為緊那羅眾說佛行光明法門，為摩睺羅伽眾說生佛歡喜心法門，為無量百千男子女人說殊勝行法門，為諸羅剎眾說發生悲愍心法門，為信樂聲聞乘說勝智光明法門，為信樂緣覺乘說佛功德廣大光明法門，為信樂大乘說普門三昧智光明法門，為執金剛神說金剛智那羅延莊嚴法門；乃至為初地、二地至十地諸菩薩眾，分別說一切佛願聚、離垢輪、寂靜莊嚴、生一切智境界、妙華嚴、毘盧遮那藏、普莊嚴地、遍法界境界身、無所得力莊嚴、無礙輪等種種不可思議的法門。

善財童子看到頻申比丘尼，成就這樣的園林，這樣的床座、經行、眾會、神力、辯才，及種種不可思議的法門，心裡有無盡的欽慕，不禁浮起一個念頭：我一定要向比丘尼右繞無量百千匝，來表示崇敬。

正當這個時候，從比丘尼的身上，突然大放光明，普照園中的每一個角落，善財童子立即看到自己及園林中所有的眾生，都不約而同地一起圍繞著比丘尼無數匝方才停止。

善財童子很恭敬地向頻申比丘尼合掌問訊著說：「聖者，我已經發了菩提心，仍不知道一個行者應該如何去學菩薩行，修菩薩道，我聞說聖者循循善誘，希望為我解說。」

比丘尼說：「好呀！善財童子，你一路參訪許多善知識，旅途勞頓，辛苦你了！現在我就為你解說吧！我所證得的法門就叫做『成就一切智解脫門』，在這個法門中，我能夠秉持自己心中的一個念頭，了解三世一切諸法，能往一切世界去供養十方一切如來。假使有眾生來到我這裡求法的，我也不去分別眾生相、語言相、如來相、法輪相、諸法相，而為他們演說種種妙法，使能夠發菩提心，獲得不退轉。」

「善男子，我只知道這個『成就一切智解脫門』而已，至於說到大菩薩們沒有分別心，能夠普知一切諸法，普現一切諸佛神力的大功德行，就不是我所能敘說得明白的，希望你繼續向南方險難國寶莊嚴城參訪婆須蜜多女吧！你見了她之後，會發現她所從事的是另一種令你驚奇的法門呢！」

受了頻申比丘尼殷勤的教導，善財童子深感受惠良多，他很恭敬地向她頂禮右繞，才依依不捨地踏上南方參訪的路途。

第二十五・參

婆須蜜多女

辭別了師子頻申比丘尼的善財童子，踏著勇猛的腳步，向南方險難國寶莊嚴城走去。一路上，他一直回味著師子頻申比丘尼對他所說的話：見了婆須蜜多女後，會發現她所從事的是另一種令人驚奇的法門，但究竟是什麼樣的法門呢？他心裡不免產生好奇。

想到這裡，善財童子不免加快腳步向南方走去。

這天他走過險難國的國界，進入寶莊嚴城，看到迎面走來一位老人，他忙向他合掌問訊說：「老先生，我是從很遠的地方來參學的行者，聽說貴地有一位婆須蜜多女，但不知道住在什麼地方，請您告訴我好嗎？」

誰知道這個老人，一聽到「婆須蜜多女」這個名字，頓時臉上浮現出不屑的表情，向善財童子全身上下打量了一回說：「你說的就是那個可議的女人呀！你找她做什麼？我看你面貌端正，舉止文雅，不失為一位有為的行者，你可不要為她的美色所迷惑，如果這樣，就太可惜了！」

這時佇足在旁邊觀看的一位年輕人，連忙插嘴，告訴老人說：「老人家，這件事不是你想像中那樣，在沒有了解事情的真相以前，最好不要妄自毀謗別人！」

說過了這句話，那個年輕人轉向善財童子說：「善男子，你今天能夠想去向婆須蜜多女參訪，可說是已經得到廣大的善利了！善男子，你如果為了求佛道，利眾生，為他們拔一切貪愛的毒箭，破一切女色的迷惑，那更應該立即去向她求教。讓我很慎重地告訴你，婆須蜜多女絕對不是一般人所想像的那一種人！她就住在城北的地方，很好找，你去見她吧！」

婆須蜜多女所住的地方，是一座廣大的宅院，院內有許多香花奇樹，小橋流水，充分顯出園林之美。

善財童子初見婆須蜜多女時，也正在這個旖旎的園林中，他看到婆須蜜多女的相貌端嚴極了，她的皮膚是那麼地紅潤，紺青色的頭髮、眼睛，是那麼地明亮動人；她的身材正是增一分則太長，減一分則太短；她吐出的聲音如黃鶯出谷，清脆動人，又像乳燕穿林，柔和可愛。她所具足的相貌，即使是天女也比不上她。

這時婆須蜜多女，從身上放出廣大光明，普照宅中的一切宮殿，凡是被照射到的人，身心都會感到清涼無比。

善財童子很恭敬地走上前去，向婆須蜜多女禮拜著說：「聖者，我已經發了菩提心，但還不知道一個行者應該怎麼樣去學菩薩行，修菩薩道，想向您請教，希望您能為我解說！」

婆須蜜多女說：「善男子，我所證得的就叫做『離貪欲際菩薩解脫門』，凡是欲界的眾生，見到我的，都會隨著類別的顯示而有所差別：天人見我是天女，凡夫見我是人女，畜生惡道見我的，也是屬於他們自己類別的女人。雖然他們所見到我的形相，都會隨著自身的類別而不同，不過所共同具有的特點就是，都要比他們所看到的女人還要動人可愛。」

「善男子，這些欲心充塞的眾生，凡是到我這裡來的，我都為他們說法，使他們聽完了我所說的佛法以後，能夠遠離貪欲，獲得清淨。」

「善男子，凡是欲心充塞的眾生，不論他是來看我的，和我談話的，牽著我的手的，到我的床座和我對話的，注目觀我的，看我頻申的，見我瞬目的，和我擁抱的，與我脣吻的，總之，凡是這些來親近我的人，都能夠遠離貪欲，悟得『菩薩一切智地現前無礙解脫門』。」

善財童子說：「聖者，您的功德，真是令人讚歎，但不知道您以前種什麼善根，修什麼福業，才能夠成就這種不可思議的功德？」

婆須蜜多女說：「善男子，我記得從前高行佛住世的時候，有一次他走進當時的妙門王城，這時，大地震動了，從佛的身上放出無量的光明，有無數的寶花從空中飄落下來，同時諸梵天眾吹奏著悅耳的音樂，這些祥瑞令人深受感動。」

「善男子，那時我身為一位長者的妻子，名叫善慧，看到當時高行佛的威神之力，心中極為嚮往。於是我就和我的夫君一同來到佛前，以一寶錢供養如來。那時候如來的侍者就是文殊師利童子，他為我說法，並勸我發菩提心，基於這個因緣，才有今天的成就。」

「善男子，我只不過知道這個『離貪欲際菩薩解脫門』而已，至於那些大菩薩們所成就的無邊巧方便智，他們包容廣大，境界深奧無比，就不是我所能敘說得盡的。住在南方善度城的鞞瑟胝羅居士，他供養一座栴檀座佛塔，具有不可思議的功德行，你可以去向他請教！」

善財童子含著感激的淚珠，再三向婆須蜜多女頂禮，又繞了許多匝，殷勤瞻仰了一會兒，才向南方的善度城走去。

第二十六・參

鞞瑟胝羅居士

善度城離寶莊嚴城不遠，善財童子只走了數日就到了。鞞瑟胝羅居士在善度城是一位有名的長者，善財童子毫不費工夫就問到了他的住處。

居士見到了善財童子，見他是一位肯上進、有誠心的佛教行者，心裡很歡喜，即刻高興地招呼他。

善財童子恭恭敬敬地向居士頂禮著說：「聖者，我已經發了菩提心，但不知道一個行者，應該如何努力去學菩薩行，修菩薩道，聖者慈悲，希望能夠教導我！」

居士說：「善男子，你太客氣了，其實我也懂得不多，恐怕讓你失望。我所證得的就叫做『不般涅槃際解脫門』。從這個法門中，可以知道，十方一切諸佛如來，其實是沒有一位已經般涅槃了的，不但過去佛如此，現在佛也如此，甚至未來佛莫不將如此。但是為了調伏一切眾生，順應眾生的生活觀念，而示現般涅槃的幻相而已，因為如來的法身平等無量無邊，那裡有起有滅呢？」

「善男子，為了讓你獲得進一步的了解，現在就讓你參觀我所供養的栴檀座如來塔吧！」

於是鞞瑟胝羅居士引導善財童子來到一間精緻的閣樓，閣樓上供養著一座佛塔，塔身看起來並不高，但卻非常莊嚴。

善財童子朝著佛塔拜了幾拜，又仔細端詳了一會兒，他發現這座佛塔和一般佛塔除了形狀小了一點外，其實也沒有什麼兩樣，實在看不出它的妙處。

鞞瑟胝羅居士似乎察覺善財童子的心意，便對他說：「善男子，你可別小看它，因為它能對我們顯現許多道理呢？」

說了這句話的鞞瑟胝羅居士，雙手合起掌來，很恭敬地向塔前一拜，頓時栴檀佛塔大放光明，從光明中，可以很清楚地看到這個世界的一切諸佛，像迦葉佛、拘那含牟尼佛、拘留孫佛、尸棄佛、毘婆尸佛、提舍佛、弗沙佛、無上勝佛、無上蓮華佛等過去一切諸佛都次第顯現。也看到這些諸佛從初發心，種善根，獲得自在神通，成就大願、大行，具足波羅蜜，入菩薩地，得清淨法忍，摧伏魔軍，成就正覺，乃至在清淨的國土中，眾會圍繞，放大光明，演說妙法，都一一顯現出來。不但過去佛如此，像未來下生的彌勒佛，現在的毘盧遮那佛等一切諸佛，也莫不看得清楚而明了。

鞞瑟胝羅居士接著對善財童子說：「善男子，你看，如來的法身平等，無所不遍，無所不在，那裡有所謂般涅槃起滅呢？」

善財童子對鞞瑟胝羅居士的這一番證悟，既欽敬又羨慕，他忙不迭地又向栴檀佛塔頂禮膜拜，心中充滿了喜悅。

居士接著又對善財童子說：「善男子，我所證得的就是這個『不般涅槃際解脫門』，如果說到大菩薩們以一念遍入一切三昧，知一切法清淨的自性，能開悟一切法界眾生的種種不可思議功德，就不是我所能說得明白的了。南方補怛洛迦山的觀自在菩薩，是一位勇猛精進的丈夫，正在那兒利益一切眾生，你趕快去參訪他，他一定會向你指示一個大方便的法門。」

善財童子聽到這裡，心裡歡喜雀躍，忙向鞞瑟胝羅居士頂禮，繞了無數匝，表示恭敬，便隨著指示向南方走去。

第二十七參

觀自在菩薩

補怛洛迦山是一個海外名山，這地方泉流縈映，樹林蓊鬱，香草柔軟，尤其是許多潔白如雪的蓮花，在清澈見底的池塘中，散放出沁人的香氣，聞到的人莫不感到神清氣爽，舒暢無比。

善財童子走到西邊的岩谷中，他看到觀自在菩薩在一塊大金剛寶石上結跏趺坐，原來他正在對著大眾說法呢！

觀自在菩薩的周圍，有許許多多的菩薩，也都坐在寶石上正聚精會神地聆聽微妙的法音。

善財童子看到這種情景，歡喜得不得了，目不轉睛地跟隨著大眾合掌諦聽。

觀自在菩薩看見善財童子來了，很高興地對他說：「善男子，你來得正好，你發救度一切眾生的大乘心，一心一意專求佛法，勤學普賢妙行與大願的深心，能廣積善根，不違背善知識們的教誨，這種精神很令人歡喜。」

「善男子，你從文殊師利菩薩的智慧功德大海中誕生後，經過這麼久的參訪，在佛法中漸次成長，使身心成熟與清淨，現在已獲得廣大三昧光明。你的智慧清淨，就像在虛空中，不但自己明了，又為他人立下榜樣，使他人獲得安住在如來的智慧光明中，這種功德多麼令人讚歎！」

善財童子聽了，又上前向觀自在菩薩恭敬地頂禮著說：「聖者，我已經先發了菩提心，可是仍然不能明白一個行者，應該如何去學菩薩行，修菩薩道，我聽說聖者循循善誘人，希望能為我解說。」

菩薩說：「善男子，我已成就了『大悲行解脫門』，我用這個法門去教化一切眾生。」

「善男子，凡是在如來所住的地方，我就常以這個大悲行門，普現在一切眾生之前，來協助如來去救護他們。我有時以布施、愛語、利行、同事的四攝法去攝化眾生；有時又以色身、光明、音聲、威儀、說法、神通，去隨機度化眾生；甚至我也變成與他們同類的形狀，和他們生活在一起，然後才俟機攝化他們！」

「善男子，我修這個大悲行門，就是要使一切的眾生遠離險道、熱惱、迷惑、繫縛、殺害、貧窮、死亡、惡名、惡趣、黑暗、遷移、愛別、怨會、憂悲等身心的逼迫。」

「善男子，假若有的眾生，心中記念著我，或者稱念著我的名號，或者用眼睛看著我的，我總要想出種種的方便，設法去救護他們，使他們遠離痛苦，發菩提心，以獲得不退轉。」

「善男子，我只知道這個『大悲行解脫門』，至於說到那些大菩薩們，已淨普賢一切願，已住普賢一切行，常行一切諸善法，常入一切諸三昧，常住一切無邊劫，常知一切三世法，常詣一切無邊剎，常息一切眾生惡，常長一切眾生善，常絕眾生生死流等的諸大功德行，那裡是我所能敘述得盡呢？」

觀自在菩薩正說到這裡的時候，突然大地震動，善財童子抬頭一看，原來東方的虛空中，來了一位菩薩，他就叫做正趣菩薩。

不一會兒，正趣菩薩走到這個娑婆世界的輪圍山頂，他用腳輕輕地按了按地面，只見這個世界突然變成由眾寶所莊嚴而成的美麗地方。

正趣菩薩全身大放光明，映蔽了整個日月星辰，他的光明也照遍了一切地獄、畜生、餓鬼及閻羅王的住處，令這些惡趣的眾生，痛苦消滅，煩惱不起，一切的憂悲愁苦逐漸遠離。

正趣菩薩又在一切的諸佛國土中，普降許多華香、瓔珞、衣服、幢蓋等莊嚴器具來供養諸佛；又隨著眾生的喜好，把莊嚴的供品普降在他們的面前，使大家心中充滿了歡喜。

觀自在菩薩這時告訴善財童子說：「善男子，你看到這位正趣菩薩嗎？」

善財童子回答說：「很歡喜的，我已經看到了！」

觀自在菩薩說：「善男子，你不是要知道怎麼樣學菩薩行，修菩薩道嗎？這是一個很好的機會，你儘可以去向他請教吧！」

第二十八參

正趣菩薩

滿心歡喜的善財童子，謹受觀自在菩薩的指點，立即向正趣菩薩頂禮合掌著說：「聖者，我已先發了菩提心，但還不知道一個行者，應該如何學菩薩行，修菩薩道，希望聖者指導我！」

正趣菩薩笑容可掬地說：「我原是參加大士的法會來的，大士在這裡，那裡有我說話的餘地呢？既然大士這麼客氣，那恭敬不如從命，就將我所證悟的告訴你吧！我所證悟的叫做『普門速疾行法門』。」

善財童子聽到正趣菩薩說到這裡，似乎又覺得有什麼困難，不再說下去，他感到有些奇怪，便又問：「聖者，但不知您從什麼佛剎證悟到這個法門，離這裡有多遠？從你來這裡以後，已經疾行好久了？」

正趣菩薩說：「善男子，這件事很不容易知道，因為我所證悟的法門，不是一般人所能了解的，即使是一切世間天、人、阿修羅、沙門、婆羅門等也不例外，只有那勇猛精進、無退無怯，具足善根，有智慧眼的菩薩才能明白。」

善財童子說：「聖者慈悲，我承受佛的威神之力，以及善知識們的教誨，時時敬謹，信受奉行，希望您能為我解說？」

菩薩說：「善男子，我從東方妙藏世界普勝生佛的國土來到這裡，也是在那裡證悟到這個法門。從那裡出發以來，已經經過不可說不可說佛剎微塵數劫了，但是請你不要以為我因為走得慢，才花了那麼多的時間。其實我在每一個動念中，就能夠邁出不可說不可說佛剎微塵數步，在每一步中，又能夠走過不可說不可說世界微塵數佛剎，並且在每一個佛剎，我都能用我的微妙供具，去供養當地的如來，這些微妙的供具，都是由無上心所成，無作法所印，是諸如來所忍，是諸菩薩眾所讚歎的！」

「善男子，從我出發弘法度眾以來，到現在已經不知道經過多少世界，救度過多少眾生了！在我所救度的眾生中，我都儘量的去了解他們的根器及需要，或者大放光明，或者現身說法，或者施受財寶，或者施予方便，盡心盡力去教化調伏他們。」

「善男子，我如此的勤勞奮勉與努力不懈，為了救度眾生，夙夜匪懈，不忍休息。」

「善男子，世界無量，眾生無邊，三界如火宅，眾苦正煎迫，誰又忍心休息呢？這就是我所證得的『普門速疾行法門』，即是能疾行周遍到一切處。至於說到那些大菩薩們普於十方無所不至，智慧境界等無差別，善布其身悉遍法界，至一切道，入一切剎，知一切法，到一切世，平等演說一切法門，同時照耀一切眾生，於諸佛所不生分別，於一一處無有障礙等的大功德行，我如何能敘說得盡呢？」

「善男子，南方有一個墮羅鉢底城，那裡有一位大天神，你就繼續去參訪他吧！」

善財童子感於菩薩們救度眾生的苦心，不覺涕泗橫流，久久不能自已。為了眾生，雖然依依不捨，但他還是忍淚拜別二位大士，向南方走去。

第二十九參

大天神

經過了多日的長途跋涉，不畏旅途的辛勞，善財童子這天到了墮羅鉢底城。

這是一個富裕的城市，行人往來如織，工商業發達，人民相見打恭作揖，顯得彬彬有禮。

大天神正在城內為大眾說法，因為他的身材太高大了，不必問人，從老遠的地方就可以看見。

善財童子恭敬地走向前去，向他頂禮著說：「聖者，我已經發了菩提心，但不知道行者應該如何學菩薩行，修菩薩道，希望聖者指導我！」

大天神嘿嘿地乾笑兩聲，把四隻長臂一伸，捧起四大海的水，低下頭來洗面，洗完了面，他又把許多金花散在善財童子的身上，然後告訴他說：「善男子，菩薩們實在太難見了！菩薩們的話也太難得聞了！他們是人世間的蓮花，為眾生所依歸；他們能夠救度眾生，為眾生尋找安穩的地方，為世間大放光明，為迷惑者指出一條康莊大道；是眾生們的大導師，能夠引導大家步入佛法；也是眾生們的大法將，能夠為大家守護一切智城。菩薩們是這樣地難以遇到，只有身、口、意三業沒有過失的人，才能真正見到他們的形像，聽到他們的辯才；也唯有三業沒有過失的人，才能真正感覺菩薩們時時刻刻，無不出現在眼前，和他們長相左右。」

「善男子，我已經成就了『雲網解脫門』哪！你看這些東西都是你的了！你可以拿著它去供養如來，施予眾生。」

說完，只見大天神伸手一指，在善財童子的面前，隨即出現許許多多的金銀、琉璃、玻璃、硨磲、瑪瑙、寶冠、瓔珞、寶璫、寶釧、寶鎖、珠網，以及種種的摩尼珠寶，堆積得像山一樣地高；然後再用手一指，又出現了許許多多的花、鬘、香、寶衣、幢幡、樂器，也是堆積如山。

大天神唯恐善財童子聽得不夠明白，便又重複地說：「善男子，你可以任取眼前的這些供品去供養如來，以修福德；同時也可以將它拿去施予眾生，使眾生能夠跟你一樣，知道修學布施，養成願意施捨一切的習慣。」

「善男子，我不但是希望你如此，同樣我也時常教導眾生做到這一切。我要使眾生在三寶與善知識們那裡受到恭敬供養的薰習，種下布施的種子，使能漸漸增長善根，而發無上的菩提心。」

善財童子心裡還是有些不能釋懷，便說：「聖者，這個方法固然很好，但有些眾生一旦擁有了這些財物，不知道珍惜，儘情享受，反而助長他們的貪婪惡根，那又如何是好呢？」

大天神說：「不妨，因為它早就在我的意料之中。有些眾生，因為有了財物而貪著五欲，放蕩不羈的，我就為他們化現污穢不淨的境界，使他們產生厭惡欲樂的心理；有些眾生，由於有了財物而生起瞋恚、驕慢之心，彼此貪求無饜，互相諍競，我就為他們化現那些飲血噉肉，惡形惡狀的羅剎來，使他們驚恐惶懼，自然心地柔和，捨離怨結，不再貪求無饜，互相諍競；有些眾生，一旦有了財物而懶惰懈怠的，我就為他們化現惡王、盜賊、水火、疾疫橫行等災難，使他們覺悟財物的不可靠，無常多可怕，使能居安思危，知所警惕而自勵自勉。」

「善男子，我就是用種種的方便，使他們捨去不良的行為，努力修持佛法，以超越一切障礙的險道，到達無障無礙的圓滿境地。」

「善男子，我所知道的『雲網解脫門』大致如此，至於那些大菩薩們像帝釋天一樣，能摧伏一切煩惱的阿修羅軍，像大水一樣能消滅一切眾生的煩惱之火，像猛火一樣能乾竭一切眾生的愛欲之水等等的大功德行，那裡是我所能敘說得完全呢？南方閻浮提摩竭提國菩提場中，有一位安住地神，你去參訪他吧！請他進一步告訴你！」

善財童子看到大天神，為了眾生示現種種方便的苦心，內心深受感動，他很虔誠地再向他頂禮，又繞了無數匝，才向南方一步一步地踏上參訪善知識們的漫長路途。

第三十參

安住地神

摩竭提國菩提場內安住地神的住所，有百萬的地神共同在這裡弘法。這天看到善財童子來了，大家很欣喜地說：「看哪！這位就是善財童子，他是一位佛藏，將來必定會為一切眾生，作一個歸命處；因為他已經在法王種中，播下菩提的種子，將來必定智慧大開，摧伏一切異端邪說，為一切眾生成就令人讚歎的不朽功德。」

說完了這些話的地神們，突然個個全身大放光明，遍照了三千大千世界，使大地同時發出令人震撼的響聲。種種的寶物，種種的莊嚴，接續不斷地出現；一切的香花奇樹，美食異果，頓時全部成熟；一切的河流，相續灌注，綿延不息；乾枯了的池沼湖泊，也充滿著盈盈的水流；天空細雨飄落，柔順悅耳的梵音，陣陣傳來，無數的牛王、象王以及大師子王，歡喜跳躍，相互發出震動心弦的叫聲，構成一幅不可思議的圖畫。

這時安住地神告訴善財童子說：「可敬的善男子，你在這裡曾經種下許多善根福德，我現在就為你顯現出來，讓你看看好嗎？」

善財童子向地神頂禮右繞，然後合掌恭敬地說：「聖者慈悲，弟子非常樂意看見。」

慈悲的安住地神，以右腳按地，大地便忽然湧現百千億阿僧祇寶藏，琳瑯滿目，使人目不暇給。

地神說：「善男子，這些寶藏就是你在往昔所種善根應得的福報，你可以隨意受用，不必猶豫。」

「善男子，我所證得的就是『不可壞智慧藏解脫法門』，我常常應用這個法門，來成就眾生的善果。」

「善男子，我回憶自從然燈佛以來，經常虔心誠意，跟隨許多菩薩，並恭敬守護。我敬謹觀察菩薩們所有的智慧境界；以一切的誓願，來清淨諸行；以一切的三昧，來廣大神通，使這種大自在力不能被破壞，能夠遍往諸佛國土，普受一切如來所授記；常轉一切諸佛法輪，廣說諸佛妙法，使佛光普照所有的世界，以調伏教化無量無邊的眾生。」

「善男子，這些都是我在超過須彌山微塵數劫以前的莊嚴劫時，當時有一個名叫月幢的世界，正值妙眼如來住世的時候所證得的法門。」

「善男子，自從我證得這個法門以來，不斷地修習增長，無時無刻未曾捨離，即使經過不可說不可說的佛剎微塵數如來在成正覺的時候，我也都能夠一直恭敬供養他們。」

「善男子，我所證得的就是這個『不可壞智慧藏解脫法門』，你如果還要進一步去了解那些大菩薩們如何常隨諸佛左右，去奉持一切諸佛所說的教誨，深入探究一切諸佛的甚深智慧，使你的心念充遍一切法界，與諸佛法身等量齊觀，而能隨心所欲去做利益人天的事，那就不是我所能敘說得盡了。在這個閻浮提摩竭提國的迦毘羅城，有一位名叫婆珊婆演底主夜神，具有無邊的智慧福德，你就去參訪他吧！」

善財童子心中充滿了法喜，他再三向安住地神頂禮右繞，又殷勤瞻仰了一會兒，方才辭退而去。

第三十一・參

婆珊婆演底主夜神

摩竭提國的迦毘羅城距離菩提場不遠，善財童子走沒多久，便遙遙望見迦毘羅城莊嚴的城門，在夕陽的餘暉中發出閃閃的亮光。

善財童子從東門進入，佇立了一會兒，陽光已經完全隱沒了，他心裡想著：假使這時能夠立刻看見自己所渴望一見的主夜神該多好！他的心念一轉，只見婆珊婆演底主夜神果然在虛空中翩然出現。

婆珊婆演底主夜神，坐在寶樓閣香蓮華藏師子座上，身上現出真金色身，頭髮、眼睛都呈紺青色，形貌端嚴，看到的人心裡自然生出一片歡喜。

這時諸天星宿光明照耀，從婆珊婆演底主夜神身上的一一毛孔中，大家可以很清楚地看到，經過她所度化無量無邊的惡道眾生，顯現出離險難的形象，這些眾生，有的投胎人間，有的轉生天上，有的趣向二乘菩提，有的修行一切智道，都一一展露無遺。又可以從這些毛孔中，看到婆珊婆演底主夜神，為了眾生，示現種種教化的方便，有時現身，有時說法，有時示現聲聞乘道，有時示現獨覺乘道，甚至示現菩薩行、菩薩勇猛、菩薩三昧、菩薩自在、菩薩住處、菩薩觀察、菩薩師子頻申、菩薩解脫遊戲等種種的方便法門來成熟一切眾生。

善財童子看到這些不可思議的境界，真是又讚歎又歡喜，連忙五體投地，向夜神頂禮著說：「聖者，我已經先發了菩提心，希望隨著善知識的指示，依教奉行，以獲得諸佛功德法藏，願聖者指示我一切智道，使我能夠信受奉行。」

夜神說：「可敬的善男子，你能夠一心一意，敬奉善知識的教誨，將來必定會成就圓滿佛果。」

「善男子，我所證得的就是『菩薩破一切眾生痴暗法光明解脫法門』，在這個法門中，我對於惡業的眾生，興起大慈心；對於不善業的眾生，興起大悲心；對於作善業的眾生，生出歡喜心；對於又作善業又造惡業的眾生，興起不二心；對於雜染的眾生，生起令生清淨心；對於誤入邪道的眾生，生起令生正行心；對於劣解的眾生，生起令興大解心；對於樂生死的眾生，生起令捨輪轉心；對於住二乘道的眾生，生起令住一切智心。」

「善男子，每當夜闌入靜，鬼神盜賊開始橫行；或者雲霧瀰漫，風雨交作，日月星宿，潛形隱耀的時候，假如有眾生流落波濤洶湧的海上，或者奔竄山林曠野的險惡陸地，有時遭受盜賊的劫難，有時用罄糧食盤川，有時迷失道路方向，正在憂惶驚怖不能自己的時候，我就會及時用種種的方便去救濟他們。我將為遭受海難者，示作船師；為魚王、馬王、龜王、象王、阿修羅王以及海神等眾生，止息風雨波浪，指示正確的道路，以及安全的彼岸，使他們免除怖畏得到安穩。這時我總會這樣想著：我將以這些善根福德因緣，回向眾生，使他們捨離一切的痛苦。我也會為在黑暗的陸地上，遭受恐怖侵襲的一切眾生，現作日月星宿，晨霞夕電，供給種種的光明；或者現作屋宅人眾，使他們獲得庇護與安寧。這時我也會這樣想著：我將以這些善根福德因緣，回向眾生，使他們清除一切的煩惱與黑暗。」

「善男子，假如有眾生過於惜壽命、愛名聞、貪財寶、重官位，或者過於執著男女，戀棧妻妾，一旦所求不遂，便過於煩惱，這些人我都能夠救濟他們，使他們離卻苦難。我為行山遇險的人，化作善神，親作嚮導；為喜好鳥語的人，發出悅音；為求靈藥的人，舒光照耀，為他們指示什麼地方有果樹，什麼地方有泉井，什麼道路才正直平坦，可以離開一切的憂苦與災難，到達寧靜無畏的地方，以獲得畢竟的快樂。」

「善男子，假如有樂著國土而憂心自擾的眾生，我就以種種的方便法門，使他們知道諸蘊無常的道理。」

「善男子，假如有貪愛聚落宅舍，常處黑暗之中，受著諸般痛苦的眾生，我就為他們說法，使他們心生厭離，不受到羈絆的痛苦。」

「善男子，假如有的眾生在長夜的道路中行走，以至於把平坦當作險惡，把險惡當作平坦；為高凸當作低凹，把低凹當作高凸；心中充滿了迷惑與苦惱的眾生，我就以方便的法門，給予光明照耀。我要為出門的人，指示門戶的所在；為旅行的人，指示安全的道路；為渡水的人，指示什麼地方有橋梁；為涉河渡海的人，指示船筏停留的地方。我也為徘徊在十字路口，不知道何去何從的人，指示什麼地方是危險，什麼地方才平安；為要休息的人，指示城邑、水、樹，可供駐足的地方。我時常這樣想：我以智慧的光芒，照耀眾生的長夜與黑暗，像這些眾生，冥頑固執，不識因果，不辨善惡，甚至互相殺害；不孝父母，不敬沙門，奉持邪法，毀謗如來，壞正法輪，輕大乘道，斷菩提心，對於有恩於他的人，反而常加殺害；加上毀謗聖賢，親近損友，盜塔寺物，作出五逆之罪，不久當墮三惡道處。我願意從速以大智光明，破除他們無明的黑暗，使他們立即發菩提心。對於已經發菩提心的人，我也指示他們修習普賢乘的方法，我為他們指示如來的法王境界，指示諸佛的一切智城，諸佛的所行，諸佛的自在，諸佛的成就，諸佛的總持，使他們感覺與一切諸佛，平等安住，共同存在。」

「善男子，一切眾生為疾病所纏，為老邁所擾，有的苦於貧窮，有的橫遭禍難，有的觸犯王法，正臨受刑，在心裡大感恐懼的時候，我都能及時予以救濟，使大家獲得安穩。」

「我又這樣想：我願以我的法門，攝度眾生，使他們解脫一切煩惱、憂悲、苦患及生老病死，令住正見及出世聖道，不捨離諸菩薩行，獲得不退轉，能常勤於教化一切眾生。」

善財童子以極端恭敬的心情，讚歎著夜神說：「聖者，您今天獲得這樣的成就，能夠如此的饒益眾生，真是令人欽敬，但不知道您是從什麼時候開始發菩提心，獲得如此的解脫法門？」

夜神說：「善男子，在過去如須彌山微塵數劫以前，正當寂靜光劫的時候，其中有一個名叫出生妙寶的世界，有五億佛相繼在這裡出現。在這個世界中，有一個寶月燈光四天下中的蓮華光大城，當時的王名叫善法度王，以仁政治理天下，甚獲大眾的愛戴。」

「善法度王的夫人，名叫法慧月，有一天夜裡來了一位名叫淨月的主夜神告訴她說：『夫人，在城東的寂住林菩提樹下，一切法雷音王佛已經成就正覺，您應當趕快去向他請教。』」

「當時一切法雷音王如來，全身大放光明，把出生妙寶世界的蓮華光城內，照耀得如同白晝一樣。」

「如來為夫人演說諸佛功德自在神力，以及普賢菩薩所有行願，使夫人即刻發菩提心，並發心供養如來及諸菩薩聖眾。」

「善男子，當時法慧月夫人即是我的前身，因為在如來的面前，發菩提心種下善根，以至於從須彌山微塵數劫以來，都不生在地獄、餓鬼、畜生等的惡趣中；也不生於下賤人家，生生世世，諸根具足，沒有眾苦，生於天人之中，福德殊勝，常不遠離佛及諸菩薩以及大善知識，能繼續種植善根，經過八十須彌山微塵數劫，而常受安樂。」

接著夜神又說：「又經過萬劫，在賢劫之前的無憂遍照劫中，有一個世界名叫離垢妙光，在這個世界有五百佛出現，其中的第一佛名叫須彌幢寂靜妙眼如來，我當時身為名稱長者的女兒，名叫妙慧光明，以前的那位淨月主夜神，也隨著願力，在離垢世界一四天下妙幢王城中出生，名叫清淨眼主夜神，他自動來到我的家，告訴我妙眼如來已經成就正覺，應當趕快去供養他。」

「我懷著虔誠的心，去供養如來，一見到如來的莊嚴德相，立即證得『出生見佛調伏眾生三世智光明輪三昧』，由於證得這個三昧的緣故，能憶念須彌山微塵數劫前的種種往事，見到以前諸佛的出現，在他們的國土中聽聞妙法，也因為這些機緣，而證得這個『菩薩破一切眾生痴暗法光明解脫法門』，當我證得了這個解脫法門，就見到自身遍往十方一切諸佛剎微塵數世界，供養一切諸佛，幫助諸佛教化眾生。」

「善男子，我所證得的就是這個解脫法門，至於那些大菩薩們，更有不可思議的妙行功德，就不是我能敘說得盡了。這個閻浮提摩竭提國的菩提場內，有一位名叫普德淨光的主夜神，我曾經在他那兒發菩提心，他也常常以妙法開示我，現在就介紹你去向他請教！」

善財童子感激涕泣，忙向夜神頂禮右繞，殷勤瞻仰，才辭退而去。

第三十二參

普德淨光主夜神

普德淨光主夜神離婆珊婆演底主夜神所住的地方不遠，善財童子走不一會兒就到了。

善財童子見了夜神，即刻向他頂禮著說：「聖者，我已發了菩提心，但不知道一個菩薩，應該如何修行菩薩行，如何出生菩薩地，如何成就菩薩地，希望聖者慈悲，能夠指示我！」

夜神說：「善男子，你不但已經發了菩提心，同時又能夠問我關於如何修行、出生，以及如何成就菩薩地的方法，真是非常難得。」

「善男子，一位菩薩如果能夠成就十種方法，那他就可圓滿菩薩諸行了！那十種方法呢？

一、證得清淨三昧，以常見一切諸佛。

二、證得清淨眼，以常觀如來相好莊嚴。

三、知一切如來無量無邊的功德大海。

四、知法界中有無量諸佛、法及光明。

五、知一切如來，能在一一毛孔中，放出無量的光明，以利益無量的眾生。
六、看到一切如來，能在一一毛孔中，放出一切寶色光明焰火。
七、在每一個動念中，知一切如來能充滿法界，調伏一切眾生。
八、知如來能以與眾生同樣的聲音，以轉三世一切法輪。
九、知一切如來無邊的名號。
十、知佛以不可思議的自在神力，調伏一切眾生。」
「善男子，我所證得的就是『菩薩寂靜禪定樂普遊步解脫法門』，我因為證得這個法門，所以能夠見到三世一切諸佛，也能夠看到諸佛清淨國土的道場、眾會、神通、名號、說法、壽命、言音、身相等種種的成就，都能完全明了，不會有所取著。為什麼呢？因為我知道如來是非去，因為世趣永滅；非來，因為體性無生；非生，因為法身平等；非滅，因為無有生相；非實，因為住如幻法；非妄，因為利益眾生；非遷，因為超過生死；非壞，因為性常不變；一相，因為言語悉離；無相，因為性相本空。」

「善男子，我在這個解脫門中，像這樣地了解一切如來，能思惟觀察，堅固莊嚴，不起一切的分別妄想，以大悲心去救護一切眾生。如此一心不動，以修習初禪；息一切意業，攝一切眾生，使智力勇猛，喜心悅豫，以修習第二禪；思惟一切眾生自性，使大家厭離生死，以修習第三禪；息滅一切眾生的眾苦熱惱，以修習第四禪。進而增長圓滿一切智願，出生一切諸三昧，以便深入諸菩薩解脫海，遊戲一切神通，成就一切變化，並以清淨智而普入一切法界。」

「善男子，當我在修習這個解脫門時，就這樣地以種種的方便來成就眾生。對於放縱不羈的人，我就使他們作不淨想、可厭想、疲勞想、逼迫想、繫縛想、羅剎想、無常想、苦空想、無我想、無生想、不自在想、老病死想，對於五欲，他們自然不生樂著的心理；同時我也勸告眾生，不要去樂著五欲，要常住法樂，唯有常住法樂，才是真正永恆的快樂。」

「善男子，假如有眾生覺得空閒無聊，無所事事，我就為他們止息諸惡音聲，使他們不致受到引誘；在夜闌人靜的時候，我也為他們演說甚深微妙法，並隨順各人的因緣，開示出家的門路，指出正確的方向，為他們引導光明，清除黑暗蔽障以及心意的怖畏，讚歎出家的功德，鼓勵大家親近善知識及佛、法、僧三寶。」

「善男子，我在修習這個解脫門時，常設法使眾生不生非法的貪欲，不起邪見分別心，以及不造諸種罪業。對於正在造作的人，我即刻叫他們停止；對於未生善法，未修波羅蜜行，未求一切智，未起大慈悲心的人，我都要使他們勤加修習；對於已經修習的人，我也不斷地鼓勵他們勇往邁進，更上一層樓。」

「善男子，我所知道的就是這個『菩薩寂靜禪定樂普遊步解脫法門』，至於大菩薩們所具有不可思議的大菩薩行，就不是我所能敘說得盡了。離這裡不遠，就在菩提場的右側，有一位主夜神，名叫喜目觀察眾生，你就再去向他請教吧！」

善財童子對於普德淨光主夜神的教誨與引見，心中非常感激，便又向他頂禮右繞了無數匝，才向菩提場的右側，徐步走去。

第三十三參

喜目觀察眾生主夜神

當善財童子來到喜目觀察眾生主夜神住所的時候，看到他正在如來的眾會道場中，坐在蓮花藏師子座上，進入「大勢力普喜幢菩薩解脫門」。善財童子可以很清楚地看到從夜神身上的一一毛孔中，現出無數種的變化身雲，隨著這些變化身雲所獲得的感應，能以微妙的言聲說法，又能以各種不同的稀有之事，隨著各人不同的因緣，普攝無量無邊的眾生。

善財童子看到這種不可思議的解脫法門，心生歡喜，不禁合掌很恭敬地對他說：「聖者，您所證得的法門，真是令人讚歎，但不知您什麼時候發菩提心，證得這個法門，已經經過多久？」

夜神回答說：「那是在不可說不可說的摩尼光剎微塵數劫以前的事了！那時有一個叫寂靜音的劫名，當時有許多王都，其中有一個名叫香幢寶的王都，莊嚴美妙，統治這個王都的正是名叫十方主的轉輪聖王。這位轉輪聖王，身上也具備三十二相及各種隨好，以仁政治天下，甚得大家的敬重。我當時就是他的女兒。」

「記得那天正是德海佛成就正果的時候，德海佛顯現神通之力，放大光明，照遍一切剎塵數的世界，以種種自在之身，遍滿在這些無量無邊的世界之中。這時大地震出了妙音，一切的龍天神眾皆大歡喜，一齊讚歎如來的功德。」

「雖然是正在夢中的我，也能夠看見如來這種不可思議的神變，聽到甚深的妙法，心裡不禁雀躍三千。在空中有一萬名主夜神，異口同聲讚歎如來，同時告訴我：如來已經出現在我們的國土了，這真是千載難逢的機會，應該趕快起來，去瞻仰佛陀，聽聞正法。」

「我這時從夢中驚醒，立即看到如來的清淨光芒，照亮了整個室內，也看到如來在菩提樹下，諸相莊嚴，猶如寶山之王，從一一毛孔中，放出無限光明，使看到的人心中充滿喜悅。」

「我跟隨著父王以及無數的隨從，很恭敬地來到如來的座前，拿著許多供品來供養他，我發願，願生生世世供養如來，並且上求佛道，下化有情。」

「我由於受到供養佛陀功德的感召，此後恆受人天的快樂，又歷經天勝、梵光明、功德月、寂靜慧、善出現、集堅固王、妙勝主、千功德、無著莊嚴等劫，都能在不可說不可說數的世界，供養不可說不可說數的如來。」

「由於我的精進願力，終於得入普賢行道，最後在妙燈功德幢佛住世的時候，證得這個『大勢力普喜幢菩薩解脫門』。我以這個解脫門的功德，去饒益無量無邊的一切眾生。」

「善男子，當時那位能夠紹隆佛種，名叫十方主的轉輪聖王，就是文殊師利童子的前身之一，覺悟我的夜神們，就是普賢菩薩的化身。」

「善男子，我所證得的就是這個解脫門而已，至於那些大菩薩們更有令人不可思議的功德法門，在這個眾會中，有一位名叫普救眾生妙德主夜神，你就去向他請教吧！」

懷著無限的感激之情，眼眶中含著晶瑩淚珠的善財童子，很恭敬地向喜目觀察眾生主夜神頂禮瞻仰，並繞了無數匝，才依依不捨地告辭而去。

第三十四參

普救眾生妙德主夜神

當善財童子來到普救眾生妙德主夜神的住所時，夜神立刻為他示現菩薩調伏眾生解脫神力。只見這位夜神從兩眉間，放大光明，照遍了一切世間，這光明也從善財童子的頭頂上進入，充滿整個身上，霎時，使他獲得究竟清淨輪三昧。從這個三昧中，善財童子可以很清楚地看到各個佛剎微塵數的世界，經過成住壞空的輪迴運轉；又能看到一切地、水、火，風，四大積聚；一切世界的接連，都以地輪當支柱。在這些世界中，又顯現出種種的山海，種種的河地，種種的樹林，種種的宮殿，以及地獄、畜生、閻羅王界的眾生，他們生死往來，一切隨業受報的情形，也都看得清楚而明白。

接著，善財童子又看到這位夜神，用她種種不可思議的神力，隨著眾生的形貌、言語，及行解等不同的差別，以方便力出現在他們的面前，隨時隨地，相機度化他們；她使正在地獄受苦的眾生，免除一切的苦難；使畜生道的眾生，彼此不相瞰食；使餓鬼道的眾生，不必飽受飢渴的痛苦；

使諸龍遠離一切怖畏；使人類離開苦難；使欲界拋棄不實的享受。

善財童子又看到了一切眾生，無論它是卵生、胎生、濕生、化生，也不管它是有色、無色、有想、無想、非有想、非無想，普救眾生妙德主夜神都能用她不可思議的願力，隨著各人的需要，適時出現在他們的面前，以救護他們。這些不可思議的種種功德，都是為了要成就菩薩的大願力，深入菩薩的三昧力，堅固菩薩的神通力，出生普賢的行願力，增廣菩薩的大悲力，以得到普覆眾生的無礙大慈，普攝一切眾生的智慧方便，獲得菩薩廣大解脫的自在神通，破除眾生的無知黑暗與惡障，直至證得一切清淨與光明。

善財童子看到普救眾生妙德主夜神，如此不可思議的境界，心中有無量的歡喜，連忙殷勤頂禮，以萬分虔誠的心，向她瞻仰與讚歎。

夜神這時忽然除去變幻的法相，恢復原來的面貌，但是仍然保持她的自在神力。

善財童子對夜神說：「聖者，您所顯現的這個解脫神力法門，真是稀有，但不知道它叫什麼名字，您已經證得多久了？要怎麼樣修持才能證得？」

夜神說：「善男子，這件事是很難知道的！即使是諸天及人、一切二乘聖眾也不能測知，我現在就仰仗著如來的力量，盡力為你解說。」

「善男子，這是在很久很久以前過佛剎微塵數劫，正逢圓滿清淨劫的時候，其中有一個世界叫毘盧遮那大威德，有須彌山微塵數佛，曾經在那兒出現過。」

「在這個世界東邊的輪圍山側，有一個四天下，名寶燈華幢，中間有一個國土名寶華燈，在這個國土中，人民富庶安樂，大家具行十善。統治這個國土的正是名叫毘盧遮那妙寶蓮華髻的轉輪聖王。他的王妃，名叫圓滿面，是王女寶，端正殊特，皮膚金色，目髮紺青，言同梵音，聲有天香，常放光明照亮千由旬，她有一個女兒，名叫普智焰妙德眼，長得文雅端莊，色相殊美，看到的人都會不知不覺地生出歡喜稱讚的心。」

「在那個世界中，眾生的壽命長短不一，彼此的形色、音聲、名字、族姓、愚、智、勇、怯、貧、富、苦、樂也都有所不同，很不幸地，後來在這個寶華燈國城中，有一部分的人民，彼此互相毀辱，造下許多惡業，由於受到這些惡業的感召，漸漸地人民的壽命、色身的力量等一切樂事，便日漸損減了。」

「在毘盧遮那妙寶蓮華髻轉輪聖王所統治的寶華燈國城北，有一棵菩提樹，樹旁有一座香池，池中一朵名叫普現三世一切如來莊嚴境界雲的大型蓮花，須彌山微塵數佛，曾經在它的上面成就聖果。其中第一位如來，名叫普智寶焰妙德幢如來，這位如來在成就聖果的時候，就在這裡演說正法，成熟眾生有幾千年之久。」

「善男子，這朵普現三世一切如來莊嚴境界雲的大型蓮花周圍，有十佛剎微塵數的蓮花圍繞著，在每一朵蓮花之中，都有摩尼寶藏師子座顯現在裡頭，而且每一個師子座上，也有一位菩薩在上面結跏趺坐修行。」

「善男子，當普智寶焰妙德幢王如來在這裡成就聖果的時候，這些無量無邊的菩薩，也同時在十方一切世界中，成就聖果。」

「善男子，這位普智寶焰妙德幢如來，常常隨著眾生的心，出現在他們的面前，為他們轉正法輪，使他們脫離惡道之苦，而生到天中，讓他們住於聲聞、辟支佛地，成就菩提行，入於菩薩殊勝行願，安住在普賢清淨行願之中，直達成就聖果的境地。」

「善男子，這位普智寶焰妙德幢如來，他就是如此時常顯現這樣不可思議的自在神力，來調伏無量無邊難以調伏的眾生。」

「善男子，後來普賢菩薩知道寶華燈國城中的眾生，造下無數的罪業，便化現端正特殊的妙身，來到城中，放出廣大的光明，普照一切，使聖王與許多妙寶，以及天上的日月星宿，頓時失去它的光輝，就好像聚墨使閻浮金呈現漆黑，日出使眾星隱耀一樣。」

「這時城中的聖王以及大眾，大家驚慌失色，異口同聲地說：『這位聖者到底是誰？是天人還是梵王？今天他放出這樣的光芒，怎麼就使我們身上所有的光輝，都消失得無影無蹤呢？』」

「普賢菩薩在虛空中告訴聖王說：『大王，你們應當知道今天在你們的國土中，已經有佛出世了，大家為什麼不把握這個大好機會去向他求法禮拜呢？』」

「轉輪聖王、王女以及大眾，心中很驚喜，大家連忙趕到普智寶焰妙德幢王如來的座前，繞了無數匝，以極恭敬的心向他頂禮膜拜。」

「同時普智焰妙德眼王女，解下身上的許多莊嚴飾物，用來供養如來，突然這許多莊嚴的飾物，在頃刻之間，紛紛變成寶蓋寶網自空中垂下，由龍王執持，並且有許多瓔珞雲，冉冉上升，霎時瀰漫周圍；地上也不知道什麼時候，生長出許多香花奇樹，其中有一棵菩提樹，顯得特別茂盛，如來就端坐樹下，為大眾演說妙法。」

「普智焰妙德眼王女聽到如來演說的妙法，立即成就十千三昧門，並且發一切如來十佛剎微塵數的心願：願嚴淨一切佛國，願調伏一切眾生，願遍知一切法界，願得親近供養一切如來，願得承事一切善友，願於念念中，盡未來際劫，修菩薩行，增一切智，而沒有間斷。」

「這時如來又為王女開示從往昔以來，她所聚集的善根，所修的妙行，所得的善果，使她頓時開悟如來所有的心願，能夠一心趣向一切智位。」

「善男子，又過了十劫，在日輪光摩尼的世界，正是因陀羅幢妙相如來遺法的時代，這位普智焰妙德眼王女，曾經又遇到普賢菩薩，菩薩勸她修補蓮華座上已經損壞的佛像；她遵照菩薩的指示修補好了之後，又加以彩畫，同時用諸寶瓔珞加以莊嚴，又在佛像的面前，發菩提心。由於這個善緣，從此以後，這位王女便能夠不墮惡趣，常在天、人王族中受生，且能長得端莊秀麗，眾相圓滿，為大家所喜歡親近。又能夠常常供養如來，親近普賢菩薩，獲得無上法益。」

「善男子，你知道嗎？當時的毘盧遮那妙寶蓮華髻轉輪聖王就是今天的彌勒菩薩，名叫圓滿面的王妃，就是寂靜音海主夜神，普智焰妙德眼王女，就是我的前身。」

「善男子，我為什麼會有這樣的殊勝因緣，能供養無量無數的如來呢？這些都是由於我獲得一切智光明的緣故。」

「善男子，我所知道的就是這個『菩薩普現一切世間調伏眾生解脫門』而已。離這裡不遠，有一位寂靜音海主夜神，坐在摩尼光幢莊嚴蓮華座上，有百萬阿僧祇主夜神前後圍繞。她是一位大菩薩，有很高深的德行，你就去向她求教吧！」

善財童子心中很是感激，就向普救眾生妙德主夜神恭敬頂禮，殷勤瞻仰，又繞了無數匝，方才辭退離去。

第三十五參

寂靜音海主夜神

法喜充滿的善財童子，從普救眾生妙德主夜神的住所，聞得「菩薩普現一切世間調伏眾生解脫門」以後，心中已了知信解，也獲得自在與安住。接著他又來到寂靜音海主夜神的住所，向她頂禮著說：「聖者，我已經發了菩提心，一心一意想跟從善知識們學菩薩行，修菩薩道，希望您哀愍我的一片誠心，能夠為我解說。」

夜神說：「非常好呀！善男子，你能夠發心跟從善知識們學菩薩行，修菩薩道，真是令人歡喜。」

「善男子，我所證得的法門，就叫做『菩薩念念出生廣大喜莊嚴解脫門』。」

善財童子說：「聖者慈悲，這個解脫門的境界如何？有什麼方便？我們要如何去觀察呢？」

夜神說：「善男子，我所以能夠證得這個『菩薩念念出生廣大喜莊嚴解脫門』，是因為我曾經發起無量上求佛道的大智心與下化有情的大悲心，才有今天的這種成就。」

「善男子，我常用無量的法施，給予眾生的種種方便，教化他們，調伏他們，幫助他們脫離三界的束縛與痛苦，我也時常觀察一切菩薩的道場眾會，知道諸佛的神力無量無邊，又時常觀察如來的法身，現出種種不可思議的瑞相，使心裡湧出大歡喜心。」

「善男子，自從我證得這個『菩薩念念出生廣大喜莊嚴解脫門』以來，就覺得這個法門真是廣大無邊，無垠無涯，它能普入一切法界，乾竭眾生貪愛之水，破除眾生無知黑暗，顯現諸佛的大悲法輪。」

善財童子聽後，心裡萬分的傾慕，他以恭敬的心說：「聖者，您的功德真是不可思議，您的修行真是不可思議，您的解脫法門也真是不可思議，但不知道一個行者應該如何修持，才能證得這個解脫法門？」

夜神說：「善男子，你問得正好！一個行者如果能夠修持布施、持戒、忍辱、精進、禪定，般若、方便、諸願、諸力、淨智等十種廣大法藏，就能證得這個解脫法門。」

善財童子緊接著又說：「聖者，您自從發菩提心以來，不知道已經經過多久了？」

夜神微笑著說：「善男子，距離這個華藏莊嚴世界海東過十個世界海，有一個名叫清淨光金莊嚴世界，在往昔古世普光幢劫的時候，有一個國名普滿妙藏的地方，不退轉法界音佛就在那兒成就菩提，我在當時是一位菩提樹神，曾很認真地守護道場，見到不退轉法界音佛成就聖果的時候，發菩提心，就在那時，我就獲得普照如來功德海三昧。」

「以後經過無量無數的如來住世，我有時或為夜神，或為天王，或為龍王，或為夜叉王、乾闥婆王、阿修羅王、迦樓羅王、緊那羅王、摩睺羅伽王、人王、梵王、天身、人身、男子身、女人身、童男身、童女身，我都能以種種的供養器具，供養於一切如來的面前，如此經過迦羅鳩孫馱如來、拘那含牟尼如來、迦葉如來，直到毘盧遮那如來成就聖果的時候，我仍繼續向他承事供養；也是在那時候，我就證得這個『念念出生廣大喜莊嚴解脫門』。」

「自從我證得這個解脫門之後，我就能進入十不可說不可說的佛剎微塵數法界，見一切佛剎所有微塵，於一一塵中，有十不可說不可說的佛剎微塵數佛國土，並且在一一佛土中，皆有毘盧遮那如來坐在道場之上，在念念中、成就聖果，同時我也看到自己在一切如來的地方，聽經聞法。」

「善男子，你如果要問我：自從發菩提心以來，已經經過多久了！我要告訴你，自從我在清淨光金莊嚴世界中為菩提樹神，聞不退轉法界音如來說法而發菩提心，修菩薩行，然後生在這個娑婆世界賢劫之中，從迦羅鳩孫馱佛至釋迦牟尼佛，以及在這個劫中，未來所有的一切諸佛，我都能夠像這樣地去親近供養，你想想看，這些時間該有多長呢？」

「善男子，那個清淨光金莊嚴世界，現在仍然存在，諸佛出現仍然相續不斷，為了眾生，你應當誠心修習這個菩薩大勇猛的法門。我所知道的就是這個法門，在這個菩提場如來會中，有一位守護一切城主夜神，具有無量的大功德行，你就繼續參訪她吧！」

善財童子聽完了寂靜音海主夜神的教誨，心中充滿了歡喜，他以萬分虔誠的心，再三向夜神頂禮，然後又繞了無數匝，殷勤瞻仰了好一會兒後，方才辭退而去。

第三十六參

守護一切城主夜神

從寂靜音海主夜神的住處參訪出來的善財童子，一心觀察念念出生廣大喜莊嚴解脫法門，心裡沒有忘失，也沒有疑惑，對於無量的深心法性，及一切的神通方便智慧，都能夠了然領悟，證入安住的境界。

不多時，他來到守護一切城主夜神的座前，看到夜神坐在一切寶光明摩尼王師子座上，周圍有無數的夜神圍繞著。這時候他發現守護一切城主夜神普現出一切眾生的色身，及現成熟一切眾生身，現速往一切十方身，現遍攝一切十方身，現究竟如來體性身，現究竟調伏眾生身。

善財童子看到夜神種種不可思議的神力，現出如此不可思議的法相，心裡著實欣喜，連忙趨前朝向她合掌頂禮著說：「聖者，我已經發了菩提心，但不知道一位菩薩在修持菩薩行的時候，應該要如何去饒益眾生，如何以諸佛的教導攝護眾生，希望聖者慈悲，憐憫我的一片誠心，能夠教導我！」

守護一切城主夜神，看到善財童子淚流滿面，為了眾生如此勤求佛法，心裡非常感動，便讚歎著說：「善男子，你為了救護一切眾生，嚴淨一切佛剎，供養一切如來，普入一切法門而如此辛苦，真是非常難得。今天你如此誠心來請教我，我當然很樂意將我所證得的法門告訴你！」

「善男子，我所證得的法門就叫做『菩薩甚深自在妙音解脫法門』，在這個法門中，我身為眾生的大法師，能為他們開示諸佛的妙法；我也具有大誓願，大慈悲力，能使一切眾生發菩提心，作一切利益他們的事；為大眾積集善根，夙夜匪懈，不忍休息；為一切眾生，求一切智，使他們滅除一切業惑障山，並能觀察佛力與魔力的分野，努力親近善知識。」

「善男子，當我在用盡一切的方法饒益眾生時，我就以十種方法去觀察法界，那十種方法呢？

一、我知法界無量，故能獲得廣大的智光明。

二、我知法界無邊，故能見一切佛的所知所見。

三、我知法界無限，故能普入一切諸佛國土，恭敬供養一切如來。

四、我知法界無畔，故能在一切法界海中，示現修持菩薩行的方法。

五、我知法界無斷，故能深入如來的不斷智。

六、我知法界一性，故能領悟如來以一音演說妙法，眾生就能通達。

七、我知法界本性清淨，故能明白如來願意普度一切眾生。

八、我知法界遍眾生，故能清楚普賢妙行，可以周遍一切。

九、我知法界一莊嚴，故能觀察普賢妙行，善於莊嚴國土。

十、我知法界不可壞，故能得到一切智善根，讓它充滿法界而永垂不朽。」

「善男子，就因為這樣的觀察，使我能夠知道諸佛的廣大威德，深入如來的難思境界，進而得到如來的十種大威德陀羅尼輪，像普入一切法陀羅尼輪、普持一切法陀羅尼輪、普說一切法陀羅尼輪、普念十方一切佛陀羅尼輪、普說一切佛名號陀羅尼輪、普入三世諸佛願海陀羅尼輪、普入一切諸乘海陀羅尼輪、普入一切眾生業海陀羅尼輪、疾轉一切業陀羅尼輪、疾生一切智陀羅尼輪都是。」

「善男子，這個十種陀羅尼輪，能夠增長出一萬個陀羅尼輪當眷屬，而常常為眾生演說不可思議的妙法，這也就是我所成就的『菩薩甚深自在妙音解脫法門』，能夠在每一個動念中，增長出諸解脫門，而充滿一切法界的道理。」

善財童子心中充滿仰慕，他不禁讚歎著說：「聖者的法門，真是神奇稀有，但不知道您證得它已經多久了？」

夜神說：「善男子，那是在往昔過世界轉微塵數劫以前的事了，那時候有一個叫法界功德雲的世界，在這個世界中，有一個普顯現法王宮殿的菩提場，有須彌山微塵數如來，曾經在這裡獲得正果。其中第一佛名叫法海雷音光明王如來，當時統治這個世界的叫做清淨日光明面轉輪王，這位轉輪王常在如來的面前聽聞佛法，等到如來涅槃後，他也隨即出家，當一位比丘，以護持正法。後來正法將滅，邪說橫行，諸惡比丘時常互相鬥諍，不求上進。」

「正在正法處於存亡絕續的關頭，這位比丘突然振臂一呼，高聲地說：『諸位比丘，讓我們想想看：我們的如來在無量的大劫海中，好不容易集成這個法炬，才能放出光芒，照耀著我們，指引我們走向光明的大道，為什麼今天大家卻要共同毀滅它呢？』」

「當比丘說完了這些話後，縱身上升虛空，從身上湧出無量的彩雲，放出閃耀奪目的光芒，霎時使無量的眾生，心胸豁然開朗，立即消除煩惱、鬥諍的痛苦，個個能發無上的菩提心。」

「因為這個緣故，使法海雷音光明王如來的教化，在此後的六萬五千年中，歷久不衰。」

「當時清淨日光明面轉輪王有一個女兒，名叫法輪化光，也出家當比丘尼，看到父王顯現出如此不可思議的神力，心中非常欣喜，立即獲得『一切佛教燈三昧』，接著又證得這個『菩薩甚深自在妙音解脫法門』，當她證得這個法門之後，身心特別感到柔軟舒暢，又立即見到法海雷音光明王如來的一切神力，獲得永不退轉。」

「善男子，你知道當時那位在佛住世的時候，跟隨他轉正法輪，佛涅槃的時候，興隆末法的轉輪聖王是誰嗎？他就是當今的普賢菩薩；那位法輪化光比丘尼也就是我的前身。我在當時一心一意，守護佛法，曾經促使十萬位比丘尼發菩提心，獲不退轉，得見『一切佛三昧』、『一切佛法輪金剛光明陀羅尼』、『一切法門海般若波羅蜜』而獲致無量的法喜。」

「善男子，此後經過離垢法光明、法輪光明髻、法日功德雲等須彌山微塵數如來，我都能夠親近供養，聽聞妙法，並且出家學道，護持法教，以『菩薩甚深自在妙音解脫法門』的種種方便，教化成熟無量無邊的眾生。」

「善男子，我所知道的就是這個法門，能如此饒益一切世間的眾生而已。在這個如來的眾會中，有一位開敷一切樹華主夜神，有不可思議的功德法門，你就再去向她請教吧！」

善財童子滿心喜悅，立刻向守護一切城主夜神恭敬頂禮，瞻仰右繞了好一會兒，才辭退離去。

第三十七參

開敷一切樹華主夜神

開敷一切樹華主夜神坐在眾寶香樹樓閣之內，由妙寶所砌成的師子座上，有百萬的夜神，如眾星拱月，共同圍繞在她的身旁。

善財童子來到她的座前，頂禮著說：「聖者，我已經先發了菩提心，但不知道一個行者應該如何學菩薩行，得一切智，希望聖者慈悲，為我解說。」

夜神說：「善男子，在這個娑婆世界中，假如有的眾生，雖然年輕力壯，但好色放逸，整日沉迷於五欲之中，我就現出老邁、疾病，以及死亡的痛苦，使他們心裡產生恐懼，也就不敢繼續為非作歹了。」

「同時我常常為慳吝的人，讚歎布施；為破戒的人，稱揚淨戒；為瞋恚的人，教導大慈；為惱害的人，宣說忍辱；為懈怠的人，激起精進；為散亂的人，修習禪定；為惡慧的人，修學般若；為小乘的人趣向大乘。」

「我也為樂著三界諸趣的人，令住菩薩願波羅蜜；為智慧低劣，福報淺薄，心靈暗昧，因往昔諸業逼迫糾纏而不能自拔的人，令住菩薩力波羅蜜及智波羅蜜，讓他們的修行，得以功不唐捐。」

「善男子，我之所以有如此的願力，這都是由於已經成就『菩薩出生廣大喜光明解脫法門』的緣故呢！」

善財童子說：「聖者，您說的這個解脫法門的境界，究竟如何，能不能進一步為我解說？」

夜神說：「好呀！善男子，凡是能夠成就『菩薩出生廣大喜光明解脫法門』的人，他便可以知道如來普攝眾生的善巧方便，同時他也能憶念毘盧遮那如來成正覺時，在往昔所修持的種種菩薩行。」

「善男子，當如來還在菩薩位修行的時候，看到一切眾生，住無明暗室，為貪愛所縛，為忿怒所壞，為愚痴所亂，為慳嫉所纏，在生死輪迴中徘徊，貧窮困苦，呻吟哀號的時候，就生起大悲心，現大神變，普降一切資生用具，來滿足眾生的需求，使他們的心裡充滿著喜悅，並且為眾生，稱揚讚歎如來的威德，以堅固善根，遠離生死貧窮的痛苦，菩薩就是用這樣的方便，來普攝教化成熟無量無邊的眾生，使他們脫離苦海，以到達光明安樂的彼岸。」

善財童子心裡十分嚮往，他讚歎著說：「聖者，您的功德真是不可思議，您的願力也真是不可思議，但不知道自從您發如此的菩提心以來，已經經過多久了？」

夜神說：「善男子，提起這件事真是難知、難信、難解、難說，凡是一切世間上的人，甚至二乘及菩薩也難以了解，因為它是如來的智慧境界，那裡是我們所能了解呢？」

「善男子，為了使你在未來劫能夠順利地度化眾生，我現在就藉著如來的威力，為你解說。」

「善男子，那是在往昔過世界海微塵數劫以前的事了！那時有一個世界海，名叫普光明真金摩尼山，當時有一位普照法界智慧山寂靜威德王佛，曾經在那兒住過世。那兒有一個名叫堅固妙寶莊嚴雲燈的王都，統治這個王都的正是名叫一切法音圓滿蓋王。」

「一切法音圓滿蓋王的屬下有五百位大臣，六萬個綵女，七百位王子。這些王子個個端正勇健，具有大威力，因此在王都的轄區，四方來朝，國強民富，沒有仇敵。」

「後來這個世界在劫將盡的時候，五濁興起，一切眾生的壽命變成極為短促，資財也逐漸缺乏，個個面色枯槁，形容鄙陋，苦多樂少，大眾不修十善，競作惡業，以致促成風雨不調，五穀不登，生活更加匱乏，各種疾病到處橫行肆虐，人民苦不堪言。」

「正當大家處於絕望的時候，突然有人提議向一切法音圓滿蓋王求救，於是一呼萬諾，大家扶老攜幼，聚集在王都的四周，有的高聲大呼，有的舉手合掌，有的以頭叩地，有的蹬足搥胸，有的長跪不起，有的跳躍大叫，只見個個蓬頭垢面，衣不蔽體，皮膚皺裂，面目無光，一起向大王呼喚著說：『大王，大王，我們今天貧窮困厄，饑寒交迫，疾病纏身，眾苦煎迫，生命如燃盡的燈油，即將熄滅了，我們無依無靠，呼救無門，只好一起來歸向大王。我們看到大王仁慈寬厚，智慧無邊，希望能夠伸出援手，救救我們！』」

「一切法音圓滿蓋王聽到這許多眾生，如此的呼喚，如此的哀鳴，心中異常悲痛，即刻命令所屬大小諸城，打開所有的倉庫府廩，取出種種的資生物品，包括金銀、琉璃、摩尼珍寶、衣服飲食、香花瓔珞、宮殿屋宅、臥具醫藥，悉數用來施捨。」

「在這個堅固妙寶莊嚴雲燈城的東面，有一個城門，名為摩尼山光明門。城門外，一切法音圓滿蓋王就在這裡設一個施捨的場所，這地方平坦廣闊，沒有坑洞、荊棘與沙礫，一切都以妙寶所成，加上四周遍撒了眾寶妙華，無量香雲充滿虛空，無量寶樹次第排列，無量香網覆蓋在上面，空中不時傳來諸種樂器，發出悅耳的妙音，原來它都是由於一切法音圓滿蓋王的淨業果報所促成。」

「一切法音圓滿蓋王坐在師子座上，面貌端正，相好具足，有無量無數的眾生，包括種種的國土，種種的族類、形貌、衣服、言詞、欲樂，也都來到這裡，大家看到這位大王，都認為他必定是一位具有大智慧，住菩薩願，行廣大施的人，都樂意接受他的施捨。」

「善男子，一切法音圓滿蓋王見到這許多前來求乞的眾生，心裡生起悲愍心、歡喜心、尊重心與周遍心。他讓求飲食的人，得飲食；求衣服的人，得衣服；求香華的人，得香華；甚至求鬘蓋、幢幡、瓔珞、宮殿，園苑、象馬、車乘、床座、被褥、金銀、摩尼等一切的珍寶器物，都能如願以償，皆大歡喜。」

「當時在這個施捨場中，有一位長者的女兒，名叫寶光明童女，長得嫻靜端莊，人人喜愛。她的皮膚呈金色，目髮紺青，身上自然流露出一股幽香，口吐流暢悅耳的梵音，身上披著上妙的寶衣，心中正念不亂，具足威儀，看起來就知道有宿世的善根，流潤在她的心中。」

「寶光明童女站立的地方，離一切法音圓滿蓋王的座前不遠，她合掌向王頂禮，心中默禱著：『我今天能夠見到這位大王，真是幸運；我今天能夠見到這位大善知識，真是令人心生歡喜！』於是，她就解下身上的瓔珞，走上前去供養大王，同時發願著說：『今天大王給了無量無邊的無明眾生一個很好的皈依處，願我未來也能夠如此；今天大王所具有的色相，所知道的佛法，所修習的正道，所擁有的財產，所攝有的眾會真是無邊無盡，願我未來也能夠如此；大王以後所投生的地方，我也願意跟隨往生。』」

「這時一切法音圓滿蓋王知道童女心中所發的弘願，隨即告訴她說：『你的弘願，真是令人感動，我也發願一切如你所願，我今天所擁有的一切，願意施予眾生，讓大家獲得滿足。』」

「寶光明童女聽到大王如此的祝福，心中充滿歡喜，便再次向大王合掌頂禮，恭敬圍繞，然後站立一旁。」

「王緊接著又告訴她說：『寶光明童女，妳能夠信知別人的功德，讚歎別人的功德，真是難能可貴，因為在這個世間上不能信知別人的功德，讚歎別人功德的人，實在太多太多了！這些人不知報恩，缺少智慧，心靈濁亂，不能修行，也不知、不信諸佛菩薩所有的功德、神通與智慧，真是可惜可嘆又可憫！寶光明童女，妳今天決定求向菩提，又能知菩薩的功德，能發勇猛心去普攝眾生，妳將成就不朽的功德，妳的努力將不會白費。』」

「一切法音圓滿蓋王一面稱讚寶光明童女的發心功德，一面親手拿著一件無價的寶衣，披在她的身上。」

「霎時，從童女的身上，突然放出萬丈的光芒，普照一切星宿，良久良久，依然光明無限。」

「善男子，你知道當時那位一切法音圓滿蓋王是誰嗎？他就是現在的毘盧遮那如來，那位寶光明童女，就是我的前身。當時一切法音圓滿蓋王以四攝法，所攝的眾生，就是在這個會中所有的菩薩，因為這些菩薩都能夠在當時發菩提心，得不退轉，從初地直至十地的果位都有，他們具種種的大願，集種種的妙行，備種種的莊嚴，得種種的神通，住種種的解脫，在這個眾會中，處於種種的妙法宮殿，獲得種種的自在。」

「善男子，這就是我所證得的『菩薩出生廣大喜光明解脫法門』的內容大要。在這個道場中，有一位名叫大願精進力救護一切眾生主夜神，成就了令人讚歎的法門，你可以去向他請教如何教化一切眾生，如何嚴淨一切佛土，如何承事一切如來，如何修行一切佛法，他一定會很樂意告訴你的！」

善財童子滿懷喜悅，他忙向開敷一切樹華主夜神很恭敬地頂禮右繞，殷勤瞻仰了許久，方才離去。

第三十八參

大願精進力救護一切眾生主夜神

在這個菩提場中，有一位名叫大願精進力救護一切眾生主夜神。當善財童子來到他的住所時，看到他在人群中，坐在普現一切宮殿摩尼王藏師子座上，座上的頂端有普現法界國土摩尼寶網彌覆著。

善財童子再仔細端詳，又見這位主夜神，隨著眾生的機緣，顯現出各種不同的相貌，讓人見了能夠見身了心，獲得清淨與光明。

善財童子向夜神五體投地，一心頂禮，良久良久才起立，很恭敬地合掌瞻仰。善財童子在這時候可感覺到他和夜神與諸菩薩眾正同行同在，原來他也已經獲得了清淨心。

於是善財童子滿心歡喜，偏袒右肩，又頂禮著說：「聖者，您所證得的法門真是不可思議，但不知道它叫什麼法門，內容如何？希望聖者慈悲，能夠為我解說？」

夜神說：「善男子，我所證得的法門就叫做『教化眾生令生善根解脫門』，凡是證得這個解脫法門的人，便能夠悟知一切法的自性本來平等的道理，因為悟知諸法平等，故一切善根自然產生，一切痛苦自然消滅。當然啦，眾生本來之所以有諸苦諸業，都是由於迷失自性的緣故，才會妄作諸惡業，造成諸苦，倘若能夠了達自性平等，而入於諸法真實之性，捨離世間，證得無依法，那麼每個人，將能夠離眾苦而生眾樂，獲得究竟與解脫，這就是我所證得的解脫法門的內容。」

善財童子讚歎著說：「聖者，您的功德真是不可思議，但不知道您從發菩提心以來，已經經過多久了？」

夜神說：「善男子，這件事是很難說明的，也不是三言兩語就能講得清楚，我現在必須仰仗著如來的神力，才能為你解說。」

「善男子，你所要了解的就是有關於菩薩智輪的內容，所謂菩薩智輪，它是遠離一切分別境界，我們不可用生死的短長來衡量，因為菩薩智輪本性清淨，遠離一切分別網，超出一切障礙山，能隨應度化達到普化眾生的境地。」

「善男子，我這樣的說明，或許你還不能明白，現在我就請問你，你曾看過天上的太陽嗎？太陽上山了，你就說它是白晝，太陽下山了，你又稱它是黑夜，其實太陽高掛天上，它又何曾上山下山呢？所謂菩薩智輪亦復如是，不管三世也好，前劫也好，後劫也好，都是隨著眾生的心，隨時顯現出來教化他們的，它沒有先後的差別，有的只是眾生的幻覺而已。」

「善男子，這件事現在我又拿太陽作比方，太陽高掛閻浮提的空中，它可以從一切的寶物，以及清淨的河水、海水之中顯現出來，但是從這些地方，我們所看到的，其實只是太陽的影子，真正的太陽，還是高掛天上，如如不動，並沒有來到這裡；所謂菩薩智輪也是這樣，它本來住於實法的寂靜之中，沒有所依，也不必所依，但為度化眾生，只好隨類受生，出現在眾生之前，而隨機度化他們，其實菩薩們無所染著，沒有生死，遠離一切顛倒夢想，知道世間所有如夢，如幻，又何嘗有任何的牽掛與執著呢？」

「善男子，這件事又像一位船師，駕著大船，往來在河流之中，不停地救渡沉溺在水中的眾生，既不依靠此岸，亦不願停留在彼岸，長久以來不忍休息；菩薩們也是如此，他們以波羅蜜船，在生死無常的水流之中，來往穿梭，救渡眾生，不休不寐，因為眾生無量，菩薩們無從休息呀！那裡還管它劫數的長短呢？」

「善男子，它也像大虛空一樣，儘管從無始以來，就不斷地依照成住壞空的程序流轉不息，但在大菩薩們的境界中，一切世界本性清淨，無染無亂，無礙無厭，又有什麼前後短長的分別呢？」

「善男子，它又像菩薩們以等虛空界的廣大深心，起大願風輪，攝化眾生，使他們遠離惡道，生於善趣，安住一切智地，滅除諸種煩惱與生死的苦縛；又像幻化成人，雖然肢體具成，但無入息出息，寒熱飢渴，憂喜生死的苦惱，因為菩薩們無欣無厭，無愛無恚，無苦無樂，無取無捨，以平等法身，現眾生相，在諸有趣的無量劫中教化眾生，早已不去計較個人的得失與利害了！」

「善男子，至於說到自從我發菩提心以來，已經經過多久的問題，我現在就更進一步為你解說：那是在古世過世界海微塵數劫的善光劫中，有一個名叫寶光的世界，接連有一萬佛出世，最初的一位佛，號稱法輪音虛空燈王如來，當時有一個名叫寶莊嚴的王都，距離王都東邊不遠的地方，有一大片森林，森林中有一個名叫寶華的道場，道場中的那座普光明摩尼蓮華藏師子座，法輪音虛空燈王如來就在它的座上成就聖果，並且為諸菩薩、天人演說正法達一百年之久。」

「統治這地方的國王名叫勝光王，當時這地方的人民大多性情暴虐，殺盜、淫佚、妄語、綺語、惡口、兩舌、貪、瞋、邪見，無惡不作，加上不孝父母，不敬沙門，可謂罪孽深重，已經到達非常嚴重的地步。」

「勝光王看到這種情形，深覺事態嚴重，他下令建造高大深厚的獄牆，將犯罪者一律監禁在裡頭，且又設立各種奇形怪狀的嚴刑加以懲罰，有的用火燒，有的用煙薰，有的被臏割，有的被榜笞，一時囚犯們裸形亂髮，筋斷骨現，慘叫連天，哀鴻遍野，令人不忍卒睹。」

「勝光王有一位太子名叫善伏，長得端正殊特，具二十八大人之相，正是人見人愛的年齡。他在宮中，遠遠地聽到囚犯們的呻吟哀號聲，心裡非常不忍，便到獄中安慰他們，他叫他們心裡不要憂愁，也不要恐懼，他一定設法救出他們。」

「善伏太子來到父王的面前，陳述囚犯們的痛楚，要求父王加以寬宥，給他們有悔改的機會。」

「於是勝光王召集五百個大臣，垂詢如何處理。大臣們異口同聲地說：『這些囚犯，有的私竊公物，有的謀奪王位，理應罪該萬死，如果有求情者，應該視為叛逆同黨，一起治罪。』」

「太子聽到這些話之後，心裡非常悲傷，他告訴大臣們說：『如果這些人真如你們所說的這樣罪不可赦，那我願意代他們受罰，雖然粉身碎骨，在所不惜，只要能讓他們免除那種慘無人道的刑罰就可以了。』」

「接著太子又說：『這些可憐的囚犯，由於一時失足，便飽受這樣的痛苦，如果我不去救度他們，誰去救度他們呢？既然現在我身為太子，連他們都無法救度，那麼將來我還要如何去救度三界中受苦受難的一切眾生？眾生在三界中為貪愛所縛，為愚痴所蔽，他們貧無功德，墮諸惡趣，他們身形鄙陋，諸根放逸，心中迷惑，失智慧光，住苦牢獄，入魔羅網，受種種生老病死，憂悲惱害所逼迫，那我要如何為他們解脫？』」

「雖然大臣們看到太子說得如此慷慨激昂，聲淚俱下，不但不受感動，反而高聲對勝光王說：『大王，太子的心意，將是要毀壞王法的尊嚴，禍及社稷的安全，假若大王顧念私情，不加責罰，大王的寶祚，恐怕亦將不久了！』」

「勝光王聽到這些話，龍顏大怒，即刻下令要誅殺太子及諸囚犯。」

「正在千鈞一髮之際，王后聽到這個消息，呼天搶地由後宮奔出，向大王求情，請求赦免太子的死罪。」

「勝光王告訴太子說：『你如果放棄為諸囚犯請求赦免，我就賜你無罪，否則今天必定難逃一死！』」

「這時太子為了普救眾生，心裡如金剛石般地堅固不移，絲毫沒有畏縮，又向大王說：『父王，為了眾生，我願意代為受過，只求父王免除他們的刑罰。』」

「大王看到太子如此執迷不悟，毫無悔意，憤怒地說：『那就隨便你好了！』」

「在旁邊淚流滿面的王后，眼見著大勢無可挽回，只得向大王求情著說：『大王，在太子還沒有伏誅以前，我希望您看在我的面上，給他半個月的時間，讓他行布施，修修來世的福報吧！』勝光王只好勉強答應。」

「當時王都的北方，有一大片名叫日光的園林，是以前的大施場，太子就在這裡設大施會，凡是飲食、衣服、華鬘、瓔珞、塗香、末香、幢幡、寶蓋等莊嚴器具，眾生有所求的，太子無不歡喜奉獻。」

「在半個月期滿的那一天，國王、大臣、長者、居士、城邑人民，甚至許多外道婆羅門，也都齊來集會。」

「法輪音虛空燈王如來，知道眾生受調伏的時機已經成熟了，就在諸天聖眾包括天王、龍王、夜叉王、乾闥婆王、阿修羅王、迦樓羅王、緊那羅王、摩睺羅伽王共同讚歎圍繞之中，一起來到這個大施會中。」

「會中的太子以及大眾，遙遙望見如來翩然來臨，大家歡天喜地，一起頂禮佛足，即刻搬出床座，恭請如來上座。」

「如來以神力將這個床座變為香摩尼蓮華寶座，等如來就座，大家亦依序坐下。」

「如來以圓滿音演說妙法，一時所有眾生，隨類得解。會中有八十那由他眾生，因而遠離塵垢，得法眼淨；有無量那由他眾生，得無學地；有十千眾生，住大乘道，入普賢行，成就圓滿大願。」

「又有十方各百佛剎微塵數的眾生，在大乘中心裡得到調伏；有無量世界的一切眾生，出離惡趣的苦難，轉生天上，享受天人的快樂。」

「善伏太子就在同時證得『菩薩教化眾生令生善根解脫門』。」

「善男子，這位善伏太子就是我的前身，我因為往昔生起的一片大悲心，寧可犧牲自己的生命，也要救度一切眾生，故能證得這個法門。但是你要知道，我在當時原是一心一意要利益一切眾生，不求善利，不貪名位，樂觀一切智門而無所怖畏，才能證得這個解脫法門。」

「善男子，當時的五百位要害我的大臣，也都蒙受如來的教化，在無量精進力名稱功德慧如來的住所，發大菩提心，現在也在十方國土中，行菩薩道，一起教化無量無邊的眾生。而我救度了囚犯之後，我的父王母后因受感動，也捨離國土財寶，跟隨法輪音虛空燈王佛出家學道，在五百歲中，淨修梵行，也已成就圓滿聖果。」

「善男子，我所證得的就是這個『教化眾生令生善根解脫門』。在這個閻浮提中，有一個嵐毘尼園林，那兒有一位妙德圓滿神，你可以去向他請教菩薩如何修習菩薩行，生如來家，他會很樂意為你解答一切！」

善財童子由衷感謝大願精進力救護一切眾生主夜神的指導與引見，再三向他頂禮右繞，方才辭退離去。

第三十九參

妙德圓滿神

嵐毘尼園林花香遍野，飛蜂舞蝶，是一個聞名的世外桃源。

善財童子這天到了嵐毘尼園林，看到這樣美麗的景色，不禁由衷的讚歎。妙德圓滿神在嵐毘尼園林的一切寶樹莊嚴樓閣中，坐在寶蓮華師子座上，有二十億那由他諸天梵眾，恭敬圍繞著，原來他們正在聆聽妙德圓滿神講述《菩薩受生海經》呢。

善財童子在旁邊稍候了一會兒，等到妙德圓滿神講到告一段落時，便走上前去，向她頂禮著說：「聖者，我已經先發了菩提心，但不知道一位菩薩應如何修菩薩行，生如來家，希望聖者慈悲，能夠教我！」

妙德圓滿神說：「善男子，菩薩有十種受生藏，能夠成就它，便能生如來家，增長善根，成就諸佛無上菩提，捨世間趣，發廣大心，入如來地，獲勝神通，使佛法常出現在眼前。那十種受生藏呢？

一、願常供養一切諸佛受生藏。

二、發菩提心受生藏。

三、觀諸法門勤修行受生藏。
四、以深淨心普照三世受生藏。
五、平等光明受生藏。
六、生如來家受生藏。
七、佛力光明受生藏。
八、觀普智門受生藏。
九、普現莊嚴受生藏。
十、入如來地受生藏。」

「善男子，一位菩薩，倘若能夠修習這十種受生藏，而獲得圓滿的成就，那麼他將能莊嚴一切國土，開導一切眾生，演說一切佛法，現出不可思議的自在神力，充滿一切虛空界，在諸眾生的心行海中，轉妙法輪，在一切世界中，示現成佛之道，以不可說的清淨言音，開示無量甚深法藏，來教化成就一切世間的眾生，當然他就能上生如來家，入如來地，使一切世間都可以獲得清淨與光明了。」

「善男子，我從無量劫以來，已經證得『菩薩於無量劫遍一切處示現受生自在解脫門』，在這個法門中，我首先發願：願一切菩薩示受生時，我都能得到親近供養的機會；願在毘盧遮那如來的無量受生海中，以往昔的願力，生在這個世界閻浮提的嵐毘尼園林中，專念菩薩何時下生，經過百年之後，菩薩果然從兜率陀天而來降生。這時嵐毘尼園林現出種種瑞相及不可思議的神變，然後菩薩即刻誕生。虛空中淨日突然出現，高山頂上祥雲流動，剛從母脇出生的菩薩，身相充滿著光明，雖然初生，但已了達一切諸法如夢如幻，如影如像，無來無去，不生不滅的道理。」

「善男子，當這時，我不但見到這個嵐毘尼園林，菩薩示現種種初生的神變，同時我也看見如來在三千大千世界，百億四天下閻浮提內的嵐毘尼園林中，示現種種初生的神變，使人念念不息，而能得到親近供養的機會。」

善財童子向妙德圓滿神又說：「聖者，您所證得的境界真是令人嚮往，但不知您自從證得這個境界至今，已經多久了？」

妙德圓滿神說：「善男子，提起這件事，那便要推算至過億佛剎微塵數的悅樂劫中，有一個叫普寶的世界，它的四天下閻浮提中有一座名叫須彌莊嚴幢的王都，統治這個王都的正是寶焰眼王，他的夫人名叫喜光，當喜光夫人將要誕生菩薩的時候，她帶領著隨侍的綵女到金華園妙寶峰樓邊的一切施樹下休息。不一會兒，喜光夫人在此樹下，攀樹枝而誕生菩薩，這時諸天王眾，手持香水，共同洗沐，當時宮中的乳母名叫淨光，見菩薩降生，很恭敬地侍立在側，等諸天王眾，向初生的菩薩洗沐完畢，將菩薩交給乳母時，淨光乳母在歡喜中，即時獲得『菩薩普眼三昧』，因為獲得了這個普眼三昧，故能普見十方無量諸佛在菩薩地受生神變時的情景，並且也能恭敬承事與供養。」

「善男子，你認為當時的淨光乳母是誰呢？她就是我的前身。我從那時起，便能常常見到毘盧遮那佛示現菩薩受生的自在神力，以及種種不可思議的神變，並且恭敬供養，聽佛說法而依教奉行，以至於能證得這個『菩薩於無量劫遍一切處示現受生自在解脫門。』」

「善男子，如果你還要作進一層的了解，就請你到離這裡不遠的迦毘羅城向釋種瞿波女參訪吧！她會將菩薩在生死海中，如何教導眾生的方法，很詳細地告訴你！」

善財童子眼眶中飽含著感激的淚水，他向妙德圓滿神很恭敬地頂禮右繞，又殷勤瞻仰了許久，方才辭別，朝著迦毘羅城一步步地走上前去。

第四十參

釋種瞿波女

迦毘羅城的普現法界光明講堂建築考究，氣勢雄偉，充分顯出莊嚴肅穆的氣氛。

講堂中有一位無憂德神和一萬主宮殿的神祇，看到善財童子來了，便一起出來迎接。

這些神祇，讚歎著善財童子具有大智慧、大勇猛的心志，能修菩薩不可思議自在解脫法門；具有廣大誓願，善於觀察諸法的境界，安住一切法城，入於無量的方便法門，成就如來的功德大海；得妙辯才，善能調護一切眾生，也了知眾生的心行差別，引導他們歡歡喜喜地趣向佛道。

他們看到善財童子那種謙和誠懇的態度，遇見善知識就能親近供養，聽受教訓，能不懈不退，無憂無悔，無障無礙，又異口同聲地預祝他不久之後將普見三世一切諸佛，諦聽甚深微妙法，得一切菩薩禪定解脫的三昧法樂，入諸佛如來的甚深解脫。

善財童子很歡喜地，敬謹接受著這些祝福，說：「聖者，如同各位對我的祝福，我很願意都能獲得，為什麼呢？因為我願意為一切眾生，息煩惱，離惡業，生安樂，修淨行。」

「聖者，一切眾生假如心裡起了煩惱，造下惡業，那麼他們必將墮落惡趣，身心將遭受毒苦，菩薩們見了心裡也必定生起煩惱。譬如一位只擁有獨子的人，對於這位獨子必定是鍾愛有加了。有一天，忽然看到他的獨子被人割截肢體，當然一定會痛徹心肺，不能自己。菩薩們就是這樣，他看到眾生造下煩惱的惡業，墮落三惡道，遭受種種的痛苦，當然他們心裡必定也會生起煩惱。相反地，菩薩如果看見眾生們勤修身、口、意三種善業，生天人的善道，享受身心的種種快樂，他們必定也滿臉歡喜，身心舒泰了。這就是菩薩們最為人所尊敬的地方。他們不貪求五欲的快樂，以大悲心、大願力，斷除一切眾生的煩惱，淨治一切眾生的樂欲，為他們安立菩提心，成就菩薩道，遠離三惡道，得度生死海，永獲清涼快樂。」

當善財童子如此稱頌菩薩功德的時候，無憂德神及一萬主宮殿的神祇，一起以上妙的華鬘、塗香、末香，以及種種的莊嚴器具，散在善財童子的身上、周圍，來表示對他的尊敬與讚仰。

隨後善財童子進入普現法界光明講堂內想去參見釋種瞿波女。他看到瞿波女正坐在寶蓮華師子座上，有八萬四千的綵女共同圍繞著，這些綵女都是從過去世中，就和瞿波女同修菩薩行，同種善根，布施愛語，普攝眾生，成就菩薩不可思議的善巧方便，而獲得不退轉的行者。

見了瞿波女的善財童子，連忙向她至誠頂禮，合掌著說：「聖者，我已發了菩提心，但不知道一位菩薩要如何修菩薩行，學菩薩道，希望聖者慈悲，有所教我。」

瞿波女說：「可敬的善男子，你今天為了眾生，能夠至誠地請問菩薩行法，修習普賢行願，真是令人讚歎，我現在就秉承如來的神力，為你解說。」

「善男子，如果一位菩薩能成就十法，那他就能圓滿因陀羅網，普智光明菩薩之行，將廣大的光明普照重重無盡的法界了。」

「那十種方法呢？

一、依從善知識的教誨。

二、得廣大的勝解。

三、得清淨的欲樂。

四、集一切的福智。

五、在諸佛的住所聽聞佛法。

六、心常不捨三世諸佛。

七、認真修持一切菩薩行。

八、為一切如來所護念。

九、大悲妙願皆是清淨。

十、能以智力普斷一切生死。」

「善男子，要想成就這十種方法，那他必定要親近善知識，承事善知識，唯有依從善知識的教誨，精進不退，才能日起有功。」

「善男子，這些又要從下面所說的十種方法做起：

一、對於自己的身命無所顧惜。

二、對於虛妄不實的世樂不去貪求。

三、認知一切法性平等。

四、永不退捨一切智願。

五、觀察一切法界實相。

六、心恆捨離一切有執。

七、知法皆空心無所依。

八、成就一切菩薩大願。

九、常能示現一切剎海。

十、淨修菩薩無礙智輪。」

「善男子，我就是因為依恃著這個因緣，所以能夠證得『觀察一切菩薩三昧海解脫門』。在這個解脫門中，我知道娑婆世界佛剎微塵數劫所有的眾生，在諸趣中死此生彼，為善作惡，受到種種的果報；也知道這些眾生的正定邪定，有無煩惱，有無善根，有無善法，以及如何出離惡道的種種過程，對於這些過程，我都能通曉明白，且不斷地去指導他們，使其獲得光明與解脫。我甚至對於在這個世界中，所有的如來從初發心，到以方便去力求一切智，生出一切大願，供養一切諸佛，修菩薩行，成就聖果，轉妙法輪，現大神通，再去廣度眾生的過程，都能知悉明了，而一步步地去遵照奉行。」

「善男子，總而言之，在這個解脫門中，我知道眾生的一切心行，一切修行的善根，一切雜染與清淨等種種差別；我也知道一切聲聞的諸三昧門，一切緣覺的寂靜三昧神通解脫門；我更知道一切菩薩，一切如來的解脫光明，而能信受奉行，不退不懈，更進一步地能指導眾生去信受奉行，以獲得光明與解脫。」

善財童子心中受到極大的感動，他至誠地又問瞿波女說：「聖者，您的境界與心願真是令人感動莫名，但不知道您證得這個解脫門，已經多久了？」

瞿波女說：「善男子，那是在往世過佛剎微塵數劫的勝行劫無畏世界中的事了！那時有一個高勝樹王城，統治的國王名叫財主王，他有六萬綵女、五百位王子，這些王子個個勇敢健壯，能力伏怨敵，因此四方來朝，國泰民安，人民生活富裕。」

「當時的太子名叫威德主，長得端正殊特，人見人愛，所謂足下平滿，足趺隆起，指間有網縵，足跟齊正，手足柔軟，兩肩平滿，雙臂傭長，身相端直，頸文三道，頰如師子，具四十齒，其舌長廣，眼目紺青，睫如牛王，眉間毫相，頂上肉髻，皮膚細軟如真金色，身毛上靡，髮帝青色，其身洪滿，如尼拘陀樹等的瑞相，一一具足。」

「這天，太子乘著妙寶車，坐在大摩尼師子座，僕從如雲，前呼後擁，正出宮要到香芽園去遊玩。」

「在這個王城中，有一個名叫善現的女人，她有一個女兒名叫具足妙德，長得容貌端正，色相嚴潔，目髮紺青，聲如梵音。她的個性柔和質直，離痴寡欲，慈愍不害，具足慚愧，真是一位『具足妙德』的童女。」

「這位妙德童女，看到太子諸相圓滿，言詞柔和，心裡不禁產生愛慕，她告訴她的母親說：『將來我願意終身敬事太子，即使粉身碎骨，我也要達到這個心願。』」

「母親說：『我的乖女兒，希望妳千萬不要有這個念頭，因為這位太子具足了輪王諸相，將來必定成為轉輪聖王，那時昇騰自在，來去自如，自會有寶女和他匹配，我們身分卑微，不要存有這個夢想。』」

「在這個香芽園的附近，有一個法雲光明道場，當時的勝日身如來已經於七天前在這裡成就聖果。妙德童女在假寐中，夢見如來正對著諸菩薩眾及天龍、夜叉、乾闥婆、阿修羅、迦樓羅、緊那羅、摩睺羅伽，及許多梵天、神祇們演說妙法。」

「由於仗恃如來神力的妙德童女，她的內心非常的安穩，一點兒也沒有畏懼，她來到太子的面前告訴他說：『我的身最端正，我的名聞四方，我的智慧沒有人能相比，我善達的工巧也馳名遠邦。有無量的百千眾生，看到我都產生愛慕，但是我的心如止水，對他們無瞋無恨，無嫌也無喜，因為我立志發廣大心，一心只求利益大眾，並不願有這種兒女私情存在。只是今天我看到太子，具三十二相，相相光明無量，我願意一心侍奉您，希望您能夠明了我的心意，誠心接受我！』」

「威德主太子忽然發現眼前這位亭亭玉立，姣好柔美的少女，對自己如此真誠的告白，心裡著實感動，他以溫和的音聲對妙德童女說：『您的身體這樣的清淨，您的容貌這樣的美麗，您具足了功德瑞相，對於善知識的教誨，一定能生堅固的尊重心，但不知道您是誰家的女兒，有沒有人守護您，如果您已經是名花有主，我那裡敢心生愛染呢？』」

「妙德童女的母親善現說：『太子殿下，當您出生的那一天，我的女兒也正從蓮花誕生。我的女兒紺青色的頭髮，深邃的大眼睛，是世間少有的美女：我的女兒質直柔美，樂修善行，文字數法，工巧技藝，一切通達，也是世間罕見的才女；我的女兒天縱秀美，難得和她相配的人，但願太子能夠接納她，讓她長伴左右，共修善業，不是很好嗎？』」

「太子這時一面向香芽園走去，一面對母女說：『我一心一意，求能獲得無上菩提，當在未來劫中，集一切智道，修無邊的菩薩行；我也要盡一切努力去供養如來，護持正法，嚴淨佛土，滅眾生無量無邊的生死諸苦，使他們獲得究竟的安樂。同時，我為了讓眾生心生歡喜，要捨去一切諸物，即使包括我的頭目手足、飲食衣服，甚至犧牲生命，也在所不惜。我一旦接納您以後，當我在施捨財物時，您的心會生吝惜；施捨男女時，您的心會產生苦惱；割截肢體時，您的心會產生憂悶；離開您出家時，您的心會有所悔恨，這些該怎麼辦呢？如果您能夠答應我，即使如此，您一點兒也不煩惱，我當然很樂意接納您！』」

「妙德童女說：『在無量的劫海中，那地獄的火不停地焚燒著；在無量的受生處，眾生粉身碎骨得像微塵一樣，假如您能夠接納我，我願意接受這些痛苦。我願和您一樣，在無量的生死海中，以自己的肉身布施給眾生，為了眾生，我不求豪富，也不貪享五欲，我要和您共行善法，一起邁向菩提大道。如今勝日身如來已經在法雲光明道場成道，我曾夢見如來的全身，像真金山一樣的光明與莊嚴，並且用手撫摩著我的頂上，使我醒來後，心裡還是充滿了溫馨。在往昔的眷屬天中，有一位喜光明天人就曾告訴我如來將要出世，我當時說如來出世的時候，我願意和太子一起禮拜，一起供養。喜光明天人也告訴我，這個志願我必定能夠實現。』」

「威德主太子聽妙德童女告訴他勝日身如來已經成道的消息，心裡非常振奮，連忙以五百摩尼寶散在童女的身上，以妙藏光明寶冠戴在她的頭上，以火焰摩尼寶衣披在她身上，表示很高興和童女一起去供養佛陀。」

「童女這時心裡平靜如水，臉上反而沒有特別的喜悅，只是合著雙掌，很恭敬地瞻仰著太子。」

「妙德童女的母親看到這種情形，就又走到太子的面前，合掌稱讚著說：『我的女兒品貌端正，這都是累劫所修成的。以前她發願要侍奉太子，今天心願已獲得滿足。我的女兒嚴持淨戒，心中充滿了智慧，她所具足的功德最為殊勝，她由蓮花所生，沒有種姓的譏醜，太子和她共修善業，必能遠離一切過錯。』」

「心中的喜悅，始終沒有平復過的威德主太子，帶著妙德童女，以及十千個綵女眷屬，走出香芽園，來到法雲光明道場。他看到勝日身如來，身相端嚴寂靜，諸根調順，內外清淨，就好像大龍池一般，沒有那些垢濁，心裡更加歡喜。他很虔誠地率領大家頂禮佛足，繞了無數匝，又和妙德童女各持五百妙寶蓮花，供養如來。這時如來為他們演說《普眼燈門契經》，太子聽後，立即證得三昧海，妙德童女也同時證得『難勝海藏三味』，並且在發菩提心中，獲得永不退轉。」

「當法喜充滿的威德主太子帶著妙德童女以及眷屬們，頂禮佛足，繞無數匝，回到王宮後，他拜見了父王，告訴他勝日身如來已經成道的消息，財主王聽後，龍心大悅，他立即詢問太子說：『這真是個大好的消息，是誰告訴你的，是天人？還是凡夫？不然你怎麼知道呢？』」

「太子介紹身旁的妙德童女說：『就是她——我的妙德童女。』」

「財主王眼見太子娶了個如此端莊秀美的女子回來，心裡非常歡喜，他很讚賞太子的眼光。」

「這時財主王心中忖念著：如來就像無上的妙寶，是百千萬劫甚難遭遇，見到如來便能永斷一切惡道的怖畏；如來又好像大醫王，能治好眾生的一切煩惱疾病，能救眾生的一切生死大苦；如來就是眾生的大導師，能引導大家走到究竟安穩的住處。我今天有幸能逢如來住世，如果不能好好把握，皈依如來，勤修善法，那不就虛度此生嗎？」

「想著，想著，他便召集群臣將王位當眾授予太子，又帶著眾人來到勝日身如來的座前頂禮右繞，恭敬供養。」

「勝日身如來觀察財主王以及大眾過後，從白毫相中大放光明，普照十方無量世界，又示現如來不可思議的大神通力，使一切應受化的人，即刻心裡獲得清淨。」

「如來接著又以不可思議的自在神力，現身超出一切世間，以圓滿音為大眾說『一切法義離闇燈陀羅尼』，財主王聽後，立即獲得大智光明。在這個眾會中，有閻浮提微塵數的菩薩，也同時證得這個陀羅尼；有六十萬那由他人，盡諸有漏，獲得解脫；有十千個眾生遠離塵垢，得法眼淨；有無量的眾生，因而發菩提心。同時如來又以不可思議的神力，廣現神變，在十方無量的世界中，演三乘法，化度的眾生多得不可計數。」

「財主王又私自忖念：我如果在家，當不能成就如來所證得的妙法，倘若我能跟隨如來出家，必定可以達到我這個心願。」

「於是財主王趨前向如來請求出家，如來也慈悲答應，當時跟隨財主王一起出家的還有他帶來的十千個大眾。」

「財主王出家過後不久，就已成就『一切法義離闇燈陀羅尼』，同時又得諸三昧門，及『菩薩十神通門』、『菩薩無邊辯才』、『菩薩無礙淨身』，並且往詣十方如來住所，聽受佛法：又以神力遊遍十方佛剎，隨眾生的心願隨處現身，為他們稱讚如來的出現，以及如來的自在神力，護持如來所說的教法。」

「威德主太子自從承受父命登基以來，已經過了十五日，這天他在正殿上，於眾多的婇女圍繞之中，七寶自然湧現，它的名字分別是：輪寶（無礙行），象寶（金剛身），馬寶（迅疾風），珠寶（日光藏），女寶（具妙德），藏臣寶（大財），主兵寶（離垢眼），當然他這時就是一位七寶具足的轉輪聖王了。」

「在威德主轉輪聖王主政期間，以正法治理天下，人民幸福快樂。

加上王有一千個王子，個個端正勇健，能伏怨敵，因此四方臣服，天下太平。」

「王也時常請如來入城應供，如來應供時，常現大神力，使無量眾生心生歡喜，善種善根，大家勤修佛法，發菩薩願，入菩薩道，成就如來的法海，而獲得無量無邊的法樂。」

「善男子，你知道嗎？當時那位得到轉輪聖王王位的威德主太子，是誰嗎？原來他就是當今的釋迦牟尼佛。財主王就是寶華佛，寶華佛是在東方過世界海微塵數佛剎的圓滿光世界的現一切世主身道場中成就聖果。善現就是我現在的善目母親。那位妙德童女，當然就是我的前身了。我在勝日身如來滅度後的六十億百千那由他佛出生於這個世界時，都能和王一起親近承事與供養，一直到最後一位廣大解佛成道時，有一天他入城教化，我和王以眾妙寶物，恭敬供養，又在佛前聽完了『出生一切如來燈法門』，便即時證得『觀察一切菩薩三昧海境界解脫門』。」

「善男子，我因為證得了這個解脫法門，故能在以後的佛剎微塵數劫中，勤加修習，而能繼續承事供養無量諸佛，也能聽無量諸佛演說種種法門，知種種三世，入種種剎海，發菩薩種種大願，修菩薩種種妙行，得菩薩種種解脫。」

「但是可惜的是，至今我仍未能證得『菩薩所得普賢解脫門』，這是最令我感到遺憾的地方。」

「善男子，『菩薩所得普賢解脫門』，如太虛空，如眾生名，如三世海，如十方海，如法界海那樣地無量無邊，它是多麼地難說難解，難證難通，它幾與如來的境界相等呢！這些都是有待於今後去努力不懈，勉力修持呀！」

「善男子，我所證得的就是這個『觀察一切菩薩三昧海境界解脫門』，至於說到更進一步的大菩薩們所具的大功德行，那就有待於你繼續去參訪了！就在不遠的佛母摩耶夫人，對於世間無所染著，供養諸佛常不休息，作菩薩業永不退轉，你就去向她請教吧！」

善財童子心中極為感激，他又虔誠地向瞿波女頂禮右繞，才依依不捨地離去。

第四十一參

摩耶夫人

佛母摩耶夫人住在迦毘羅城，是淨飯大王的夫人。（註：按權教的說法，摩耶夫人生佛七日，即命終升天；而《華嚴》卻指仍在迦毘羅城，以顯示其恆常不滅。）

當善財童子懷著虔誠的心，想要去參訪摩耶夫人的時候，他立即獲得「觀佛境界智」。

善財童子心裡忖度著：佛母摩耶夫人，遠離世間的束縛，住無所住，離一切著，以如幻業現出她的化身，以如幻智觀察世間，以如幻願持有佛身，能夠在虛空中通行無礙，除了獲得普賢淨目的聖者以外，是世間上的凡夫俗子所不能看見。像這樣的人，我要如何才能去親近承事供養她呢？

想到這裡，他心裡不免有些迷惑，也有些緊張。這時在虛空中突然有一位名叫寶眼的主城神出現，這位主城神有種種的妙物，來莊嚴他的身體，有無數的眷屬圍繞在他的周圍，顯得特別莊嚴而可親。

寶眼主城神手裡捧著許多香花，散在善財童子的身上，說：「善男子，希望你不要迷惑，也不必緊張，你現在最重要的是要能夠守護心城，唯有守護心城，才能不貪求於一切生死的境界；莊嚴心城，才能專心致志地趣求如來的十力；淨治心城，才能斷除慳嫉諂誑；清涼心城，才能思惟一切諸法的實性；增長心城，才能成就一切助道的方法；嚴飾心城，才能造立諸禪的解脫宮殿；照耀心城，才能普入一切諸佛的道場，聽受般若波羅蜜；增益心城，才能普攝一切佛的方便方法；堅固心城，才能勤修普賢行願；防護心城，才能扞禦惡友、魔軍；廓徹心城，才能開引一切的佛智光明；善補心城，才能聽受一切佛的所說法；扶助心城，才能深信一切佛的功德海；廣大心城，才能將大慈普及於一切世間；善覆心城，才能集眾善法以覆其上；寬廣心城，才能以大悲哀愍一切眾生；開心城門，才能悉捨所有隨機給施；密護心城，才能防諸惡欲不令得入；嚴肅心城，才能使惡法不得住入；決定心城，才能集一切智助道之法，恆無退轉；安立心城，才能正念三世一切如來的所有境界；瑩徹心城，才能明達一切如來所有法門的種種緣起；部分心城，才能以如來的一切種智曉示一切眾生；住持心城，才能發一切三世如來的諸大弘願；富貴心城，才能集一切周遍法界聚集大福德；應令心城明瞭，才能普知眾生根欲等法；應令心城自在，才能普攝十方法界；應令心城清淨，才能正念一切諸佛如來；應知心城自性，才能知一切法皆無有性；應知心城如幻，才能以一切智了諸法性。」

「善男子，菩薩如果能夠淨修如此的心城，他才能積集一切的善法，清除一切的障礙，包括見佛的障礙，聞法的障礙，供養如來、攝諸眾生、淨佛國土的障礙等等。」

「善男子，菩薩能夠清除這些障礙，遠離這些障礙，那麼他要希求任何的善知識，即使不用功力，也就唾手可得了。」

這時，從虛空中又出現一位名叫蓮華法德的身眾神，以及妙華光明的無量諸神，一起來到善財童子的跟前，以種種微妙的聲音，讚歎摩耶夫人的功德。

又從他們的耳璫中放出無量的色相光明網，普照十方無邊諸佛的世界，使善財童子看到這些世界中的一切諸佛。它的光明網，又右繞了這個世界一周，然後從善財童子的頂上進入，最後遍布身上的所有毛孔，使他立即獲得淨光明眼、離翳眼、離垢眼、淨慧眼、毘盧遮那眼、普光明眼、無礙光眼、普照眼、普境界眼、普見眼等十眼以及十不思議身，而能永離一切愚痴暗昧，達到十身無礙的佛平等身。

正在這個時候，又有一位名叫善眼的守護菩薩法堂的羅剎鬼王，和一萬個他的眷屬從空中出現，他們以妙華散布在善財童子的身上說：「善男子，菩薩能夠成就十法，那他就能親近諸善知識，那十種方法呢？

一、心裡清淨，遠離諂誑。

二、大悲平等，普攝眾生。

三、知諸眾生唯有趣一切智，才能心不退轉。

四、以信解力普入一切諸佛道場。

五、得淨慧眼，了諸法性。
六、大慈平等，普覆眾生。
七、以智光明，廓諸妄境。
八、以甘露雨，滌生死熱。
九、以廣大眼，徹鑑諸法。
十、心常隨順諸善知識。」
「善男子，菩薩得到如此的成就之後，倘若又能以三昧禪定來止息雜亂的心，那麼他觸目對境，窮盡法源，便能不取不捨，了了分明，悉知諸佛體性平等，處處值遇諸善知識了。」
含著感激的淚水，敬謹接受聖者們教誨的善財童子，仰視空中，對他們說：「真是謝謝聖者們的教誨，您們為了哀愍我，攝受我，促使我救度眾生的心願早日實現，如此不辭辛勞，方便教我親近善知識的方法，真是使我感激不已。」

善財童子話聲甫畢，即刻看到大寶蓮花從地面湧現出來，這棵大寶蓮花以金剛為莖，妙寶為藏，摩尼為葉，光明寶王為台，眾寶色香為鬚，並且有無數的寶網彌覆在上面；在台上又有一座名叫普納的十方法界藏的樓觀，以金剛為地，在千柱的行列中，一切皆以摩尼寶莊嚴所成，以閻浮檀金為壁，又有眾寶瓔珞從四面垂下，階陛欄楯，奇妙嚴飾，使周匝顯得莊嚴無比。

在這座樓觀的上面，有一個如意寶蓮花座，摩耶夫人正端坐在上面，她的周圍又有無數的眾座圍繞，如眾星拱月，使人倍感莊嚴。

善財童子看到了摩耶夫人現身，連忙趨前禮拜，以恭敬的口吻說：「大聖，文殊師利菩薩教我發大菩提心，向善知識親近供養，我也到過許多善知識的面前，去承事供養。今天我很幸運地能夠來求見您，希望您能告訴我，一個行者應該如何學菩薩行，修菩薩道，才能有所成就！」

摩耶夫人說：「善男子，我已成就『菩薩大願智幻解脫門』，因此能夠常常當菩薩的生母。如今，我在這個閻浮提中迦毘羅衛城的淨飯王家，由右脇生下悉達多太子，現出不可思議的神變，甚至盡這個世界海，所有一切毘盧遮那如來，也都曾進入我的體內，示現不可思議的誕生自在神變。」

「善男子，我在淨飯王宮，菩薩將要下生的時候，看到從菩薩身上的一一毛孔中，一起放出『一切如來受生功德輪』的光明；從一一毛孔中，也都顯現出不可說不可說的佛剎微塵數菩薩受生莊嚴的景象。在這些光明中，都能普照一切世界，並且從我的頂上進入，在一一毛孔中，普現一切菩薩名號，以及他們的受生神變與宮殿眷屬，從出家、成道、坐師子座，有無數的菩薩圍繞，受諸王的供養，為大眾轉正法輪，都能夠很清楚地顯現無遺。」

「善男子，當這些光明進入我的體內時，雖然它的形狀大小，看起來也沒有變化，但它的包容力已經超出世間，與虛空等量齊觀，能容受十方菩薩受生莊嚴的景象。當時菩薩從兜率天將降生時，有十佛剎的微塵數菩薩都和菩薩同願、同行、同善根、同莊嚴、同解脫、同智慧，甚至一切的法身、色身，普賢神通行願，也都相同：像這樣的菩薩有無量無數，前後圍繞。菩薩這時以神通力，普現一切兜率天宮，在一一宮中，現出十方一切世界閻浮提內受生的影像，以及如何去教化無量的眾生，使他們離懈怠、去執著的情形。菩薩們又以神力，放出廣大的光明，普照世間，破除黑暗，滅諸苦惱，讓眾生都能知道累世以來所有的業行，永遠為求出惡道而努力！這些不可思議的神變，都在我的身上顯現出來。」

「善男子，這些菩薩們在我的腹中，遊行自在，有的以三千大千世界為一步，有的以不可說不可說佛剎微塵數的世界為一步，從念念中，有十方不可說不可說的一切世界諸如來所菩薩眾會中，以及四天王天、三十三天，乃至色界的諸梵天王要見菩薩處胎神變，而來恭敬供養，聽受正法的，也都進入我的體內，雖然在我的腹中，都能包容這些眾會，但是卻並不因此而變成廣大或迫窄，這些菩薩都能各自處於自己的眾會道場中，表現出那樣地清淨與莊嚴。」

「善男子，像這樣在四天下閻浮提中，於菩薩受生時，我當他們的生母，而在三千大千世界百億四天下閻浮提中，我也同時當他們的生母，但是我這個身體本來無二，並不限於一個住處，也不限於很多個住處，這些都是由於我已經證得『菩薩大願智幻莊嚴解脫門』的緣故呀！」

「善男子，我身為當今釋迦世尊的母親，同時也曾是往昔無量諸佛的母親。記得從前我曾經身為蓮花池神時，一天，有一位菩薩忽然從蓮華藏中化生，我立即捧持他，養育他，那時一切世間都稱我為『菩薩母』。過後不久，我為菩提場神時，有一位菩薩也是從我的懷中忽然化生，這時大家也稱呼我為『菩薩母』。在這個世界中，有無量的最後身菩薩，他們在方便示現受生時，我都成為他們的母親。即使在賢劫之中，像過去世的拘留孫佛、拘那含牟尼佛、迦葉佛，今世的釋迦牟尼佛，及未來的彌勒菩薩，從兜率天下降時，將放大光明，普照法界，示現受生神變，在人間生大族家，調伏眾生，我在當時，也都會是他們的母親。」

善財童子向摩耶夫人說：「大聖，您所證得的解脫門，真是令人仰慕，不知道您證得它已經多久了？」

摩耶夫人說：「善男子，在往古世神通道眼所知劫數的時候，於淨光劫的須彌德世界中，有一個叫自在幢王城，統治這個地方的就是大威德轉輪王。當時在王城的北邊有一個滿月光明道場，道場的神名就叫慈德，那時離垢幢菩薩將在這個道場成道的時候，有一個名叫金色光的惡魔，率領著他們許許多多的魔子魔孫，要來施放魔法。但是很幸運地，大威德轉輪王及時獲得菩薩自在神通，他化作比那些魔子魔孫還要超出數倍的兵眾，將道場團團圍住，維護得固若金湯，使諸魔惶怖，不敢越雷池一步，只好各自抱頭鼠竄。」

「慈德道場神看到這種情形，心中的歡喜，真是不可言喻，在離垢幢菩薩成道時，便向他頂禮發願著：願生生世世作為大威德轉輪王的母親，一直到他成佛為止。」

「善男子，你知道嗎？那位慈德道場神就是我的前身，大威德轉輪王便是當今的釋迦牟尼佛。我從那時發願以來，在世尊於十方剎一切諸趣處受生中，看到他普種一切善根，廣修菩薩行，教化成就一切眾生，乃至在這個最後身示現菩薩受生神變時，我都常為他的母親。而且在過去、現在十方世界的無量諸佛將成佛時的最後受生中，我也莫不如此。」

「善男子，我只知道這個『菩薩大願智幻解脫門』，像那些大菩薩們所具有的大悲藏，教化眾生無厭無倦，以自在力在一一毛孔中，示現無量的諸佛神變，這種大功德行，就不是我所能述說得了了。在這個世界的三十三天中，有一位正念天王，他的女兒名叫天主光，具有無量無邊的大功德行，我就介紹你去見她吧！」

善財童子很高興地接受摩耶夫人的引見，接連向她頂禮致謝，然後向著三十三天騰空而去。

第四十二參

天主光天女

善財童子在彈指的功夫便來到三十三天，他看到天主光天女，連忙向她頂禮圍繞，合掌問訊著說：「聖者，我已經發了菩提心，但仍不知道一個行者應如何學菩薩行，修菩薩道，我聽說聖者善能誘誨，希望能慈悲為我解說。」

天女說：「善男子，我所證得的就是『菩薩無礙念清淨莊嚴解脫門』，藉著這個解脫門的神力，我能夠憶念過去最勝劫中的青蓮華劫時，曾供養過恆河沙數諸佛，從他們最初出家，就開始守護供養：我為他們建造寺院，也承事供養，使他們不虞匱乏，安心向道。這些無量諸佛，從為菩薩住母胎時，誕生時，行七步時，大師子吼時，住童子位居宮中時，在菩提樹下成正覺時，轉正法輪現佛神變時，教化調伏眾生時，如此一切所作之時，我都能記得清楚明白，歷久不忘。」

「善男子，我又憶起過去的善地劫中，曾供養十恆河沙數的諸佛如來。在妙德劫中，也曾供養一佛世界微塵數的諸佛如來。又在無所得劫中，我曾供養八十四億百千那由他的諸佛如來。在善光劫中，我也供養閻浮提微塵數的諸佛如來。在無量光劫中，我曾供養二十恆河沙數諸佛如來。在最勝德劫中，我曾供養一恆河沙數諸佛如來。在善悲劫中，我曾供養八十恆河沙數諸佛如來。在勝遊劫中，我曾供養六十恆河沙數諸佛如來。在妙月劫中，我曾供養七十恆河沙數諸佛如來。」

「善男子，我就是因為常不捨諸佛如來，而證得這個『菩薩無礙念清淨莊嚴解脫門』，在諸如來的面前能受持修行，恆不忘失。如此將先劫所有的如來，從初菩薩，乃至法盡，一切所作，我能以淨嚴解脫之力，皆隨憶念，明瞭現前，持而順行，勤奮不懈而精進不已。」

「善男子，我只知道這個『菩薩無礙念清淨莊嚴解脫門』，至於說到那些大菩薩們如何能夠出生死，離痴冥，開悟群生的大功德行，就不是我所能知能說的了。在迦毘羅城中，有一位遍友童子，你可以去向他請教，相信他會對你有所啟示？」

善財童子聞得這些妙法，心意歡喜雀躍，不可思議的善根也自然增長。他向天主光天女再三頂禮，繞了無數匝，方才朝著迦毘羅城的方向，下凡而去。

第四十三參

遍友童子

從天宮又回到了迦毘羅城的善財童子，立即來到遍友童子的住處，向他頂禮著說：「聖者，我已發了菩提心，但不知行者應該如何學菩薩行，修菩薩道，我聞聖者善能誘誨，祈願為我解說！」

遍友童子看了看善財童子，說：「善男子，就在這個城內不遠的地方，有一位名叫善知眾藝童子，他曾修學菩薩字智，你可以去向他請教，他當樂意為你解說。」

善財童子對於遍友童子如此的啟示，心裡非常感激，也歡歡喜喜地向遍友童子頂禮辭退而去。

第四十四參

善知眾藝童子

善知眾藝童子離遍友童子的住處不遠，善財童子一轉眼間就到了。見到善知眾藝童子的善財童子，立刻向他頂禮著說：「聖者，我已先發了菩提心，但不知道行者應如何學菩薩行，修菩薩道，我聽說聖者循循善誘人，希望能為我解說！」

善知眾藝童子說：「善男子，我所證得的就叫做『菩薩善知眾藝字智解脫法門』。在這個法門中，我恆持字母，而得以進入般若波羅蜜門。因為我所恆持的這些字母都是書寫解說的根本，它們也是一切文字的根本，世間上的一切事物，都因有字才有語，有語才有名，有名才有義，能了解義，將可獲知更多的道理。凡是想要進入般若波羅蜜門的人，應該要先認識這些字母，一旦進入般若波羅蜜門以後，我們就可以了悟一切言說，皆是不可得，唯有離言絕相，才可以進入悟境，可是要進入悟境，還是非要賴『因言而入，因字而得』不可！」

「善男子，當我們在唱『阿』字時，即悟可以菩薩的威力入無差別的境界；唱『多』字時，即悟無邊差別門；唱『波』字時，即悟諸法平等，普照法界；唱『者』字時，即悟一切法遠離生死；唱『那』字時，即悟諸法沒有性相，言說文字皆不可得：唱『邏』字時，即悟一切法遠離世間時，使愛有因緣不能顯現：唱『施』字時，即悟不退轉方便之門，如何獲得；唱『婆』字時，即悟一切法因離縛解，才可入金剛場；唱『荼』字時，即悟一切法因離熱矯穢，而可獲得清涼；唱『沙』字時，即悟一切法了無掛礙，如心湛然；唱『縛』字時，即悟一切法言語道斷，能尋安住；唱『哆』字時，即悟一切法真如不動，圓滿發光；唱『也』字時，即悟諸法如實不生，即使諸乘差別積聚也不可得；唱『瑟吒』字時，即悟知一切法不可得，即能普光明，息煩惱：唱『迦』字時，即悟萬法無差別；唱『娑』字時，即悟降霔大雨；唱『麼』字時，即悟大流湍激，眾峰齊峙；唱『伽』字時，即悟一切法不可得而後能安立；唱『他』字時，即悟真如平等，是所依處，可生出一切；唱『社』字時，即悟入世間海，本來清淨無波；唱『鎖』字時，即悟念一切佛莊嚴，最安穩；唱『柂』（馱）字時，即悟一切法性不可得；唱『奢』字時，即悟諸佛寂滅相；唱『佉』字時，即悟一切法等於虛空不可得；唱『叉』字時，即悟一切法盡不可得；唱『娑多』時，即悟消除諸惑障，開淨光明；唱『壤』字時，即悟作世間智慧門；唱『曷攞多』字時，即悟生死境界智慧輪；唱『婆』字時，即悟一切智宮殿圓滿莊嚴；唱『車』字時，即悟修行方便藏各別圓滿；唱『娑麼』字時，即悟隨十方現見諸佛；唱『訶婆』字時，即悟可觀察一切無緣眾生，方便攝受，令出生無礙力；唱『縒』字時，即悟一切無慳無施，趣入一切功德海；唱『伽』字時，即悟諸法不厚不薄的平等性；唱『吒』字時，即悟能隨願普見十方諸佛；唱『拏』字時，即悟一切法無邊無盡，常觀字輪：唱『娑頗』字時，即悟度化眾生究竟處；唱『娑迦』字時，即悟一切法不可得，得廣大無礙辯光明輪遍照；唱『也娑』字時，即悟宣說一切佛法境界；唱『室者』字時，即悟聚集一切眾生；唱『侘』字時，即悟以無我法開曉眾生；唱『陀』

字時，即悟一切法輪差別藏。」

「善男子，當我在唱這四十二個字母時，即入這個四十二般若波羅蜜門，也由這個四十二般若波羅蜜門為首，而更可入無量無數的般若波羅蜜門。至於說到那些能於一切世出世間善巧之法，以智通達於彼岸；殊方異藝，能咸綜無遺；文字算數，能了然無礙；能深究醫方咒術，以療治眾生疾病；有諸眾生被鬼魅所持，被怨憎咒詛，被惡星變怪，以及死屍所奔逐，有的癲瘋，有的羸瘦，如此種種疾病，能獲得救助；能差別金玉、珠貝、珊瑚、琉璃、摩尼、硨磲，一切寶藏的出生地方，品類的不同，價值的多少；善於觀察天文地理、人相吉凶、鳥獸音聲、雲霞氣候、年穀豐儉、國土安危，凡是世間所有的技藝，莫不具足；能分別出世之法，正名辨義，觀察體相，以隨順修行，而能無疑、無礙、無愚暗、無頑鈍、無憂惱、無沉沒，如此無不能現證在它的境界之中的大功德行，我如何能敘述得盡呢？」

「善男子，在摩竭提國中有一個聚落，當中有一個婆咀那城，那裡的賢勝優婆夷具有大功德行，我就介紹你去向她請教吧！」

善財童子很感激善知眾藝童子的引見，他很虔誠地向他頂禮致謝而去。

第四十五參

賢勝優婆夷

摩竭提國波咀那城的賢勝優婆夷是一位多才多藝，聞名遐邇的長者，善財童子很容易便找到她。

看到賢勝優婆夷莊嚴的法相，善財童子立刻對她行禮問訊著說：「聖者，我已經發菩提心，但不知道一個行者應該如何學菩薩行，修菩薩道，久聞聖者的大名，今天有幸得到覲見的機會，希望能為我解說！」

賢勝優婆夷用慈和的口吻說：「善男子，我所證得的法門就叫做『菩薩無依處道場解脫門』，在這個法門中，我將我所悟得的真理，不斷地為人解說。同時，我又得了無盡的三昧法，這是和一般的三昧法有所不同的，我所悟得的三昧法中，以能出生一切智性的眼無盡三昧，能出生一切智性的耳無盡三昧，能出生一切智性的鼻無盡三昧，乃至出生一切智性的舌、身、意、功德波濤、智慧光明、速疾神通等無盡三昧來為人宣說，以便利益無量無邊的眾生。」

「善男子，為了慈悲利生的緣故，我才示現女身，為的是希望眾生能在我這個法門中使眼、耳、鼻、舌、身、意等能得到清淨，獲得無盡的功德、智慧與神通，以便終究可達到究竟圓滿的境界。」

「善男子，我所知道的只是這個『菩薩無依處道場解脫門』。南方有一個沃田城，城內的堅固解脫長者是一位無著清淨的長者，你就再去向他請教吧！」

善財童子很歡喜地接受賢勝優婆夷的指示，頂禮稱謝過後，又向南方走去。

第四十六參

堅固解脫長者

沃田城是因為這個城市的土地肥沃，水源充沛而得名。

善財童子一路所見，人民生活富足，男女老幼春風滿面，喜形於色，不禁也為他們優厚的福報而歡喜。

堅固解脫長者長得童顏鶴髮，令人由衷欽敬。善財童子很虔誠地向長者頂禮圍繞，合掌問訊說：「聖者，我已發了菩提心，但還不知道一個行者應如何學菩薩行，修菩薩道，我聽說聖者善能誘誨，希望能指示我！」

長者說：「善男子，我所證得的就是『菩薩無著念清淨莊嚴解脫法門』。自從我證得這個解脫法門以來，在十方佛的住所，勤求正法，未曾休息。如諸大菩薩們獲得無所畏大師子吼，能夠安住在廣大福智之中，那裡是我所能敘說得盡呢？」

「善男子，在這城中有一位妙月長者，他的住宅常有無量的光明出現，就距離這裡不遠，你去向他請教吧！」

善財童子聽後連連稱謝，又向長者頂禮右繞了許久，方才辭退而去。

第四十七參

妙月長者

抄月長者果然離堅固解脫長者的住處不遠，善財童子不多時就到了。見到了妙月長者，善財童子很恭敬地頂禮說：「聖者，我已先發了菩提心，但不知道一個行者應如何學菩薩行，修菩薩道，希望聖者慈悲，有所教我？」

妙月長者說：「善男子，我所證得的便是『菩薩淨智光明解脫門』，在這個解脫門中，我能夠以慈悲的智光來破除世間眾生的迷惑，使大家獲得光明與解脫。希望你也能夠認真修學，並用它來利益眾生！」

「善男子，我所知道的就是這個解脫門而已。南方有一個名叫出生城，城內的無勝軍長者，具有無限的智慧與辯才，你就去向他請教吧！」

善財童子很高興地向長者頂禮右繞，才向出生城急步走去。

第四十八參

無勝軍長者

為了廣度眾生，認真求法，不忍休息的善財童子，很快地來到出生城，見到無勝軍長者，向他頂禮說：「聖者，我已發了菩提心，但不知道一個行者應如何學菩薩行，修菩薩道，聞說聖者善能誘誨，希望能夠教導我！」

長者說：「善男子，我所證得的法門叫『菩薩無盡相解脫門』，我因為證得了這個法門，故可見無量佛，得無盡藏，由於我能得無盡藏，故能聽聞諸種妙法，我心裡的每一個動念也無非充滿著佛法；由於我的得法無盡，故能戰勝一切的無明、驕慢、生死、邪見、惡賊、魔軍。我的一切心境總是具有如來相，能在一一毛孔中，生出無盡諸相。其實我們在如此無念的妙理中，看到諸法都是經幻智所生，那裡還有什麼諸相可得呢？」

「善男子，我只知道這個『菩薩無盡相解脫門』而已，在這個出生城的南邊，有一個名叫為法的聚落，那裡有一位最寂靜婆羅門，趁著現在天色還早，你就再向他請教吧！」

善財童子連連稱是，又向長者頂禮右繞後，便朝著城南走去。

第四十九參

最寂靜婆羅門

最寂靜婆羅門就住在出生城的南邊，善財童子轉一個彎就到了。

見了婆羅門，趕忙向他頂禮右繞，恭敬合掌著說：「聖者，我已發了菩提心，卻仍不知道一個行者應如何學菩薩行，修菩薩道，唯望聖者慈悲，有所教我！」

婆羅門說：「善男子，我證得了『菩薩誠願語解脫門』。」

「善男子，你要知道無論是過去、現在，或是未來的菩薩，都是由於能夠在這個誠願語解脫門中發菩提心，才能獲得不退轉；我也是因為住於這個誠願語法門，而一言一行，隨意所作，才能圓滿成就。就像那些大菩薩們，也因為修習誠願語解脫門的緣故，在他們的行止動念中，能夠無違無背，言必以誠，未曾虛妄，無量的功德方才出生。這也就是說，菩薩們從初發心立弘誓願起，言行必定要契合一致，絕不乖違先前所發的誓言，並且還要能隨願而行，踐言而行，絕無虛妄，誓成無上佛道，直到成佛為止。」

「善男子，此去南方妙意華門城的德生童子與有德童女，他們姊弟兩人正等你去參訪呢？」

善財童子聽到這個消息，心裡非常振奮，忙向婆羅門頂禮右繞，便大踏步地向南方的妙意華門城走去。

第五十參

德生童子有德童女

妙意華門城是一個美麗的城市，城內城外長滿了香花奇樹，善財童子走在通往城內的道路上，遠遠可見整個城市就像在美麗的花園之中。

德生童子、有德童女的家中，更是寬敞舒適，在偌大的庭院中布滿了各種沁人心脾的香花。青翠的假山，潺潺的流水，圓拱曲折的小橋，加上一陣陣起伏不定，聚散無常的雲霧，身在其中，宛如置身幻境。

善財童子來到了這個美麗的花園，德生童子與有德童女一起就在進門的石凳邊接見他。

善財童子很恭敬地頂禮著說：「聖者，我已發了菩提心，但不知道一個行者應如何學菩薩行，修菩薩道，希望聖者慈悲，哀愍我求法的一片誠心，為我解說！」

姊弟倆齊聲說：「善男子，我們所證得的就是『菩薩幻住解脫門』。自從證得這個解脫門之後，我們所看到的一切世界皆為幻住，都是由因緣所生；一切眾生也皆為幻住，由業煩惱所起；一切世間皆為幻住，由無明、有、愛等輾轉緣所生；甚至一切法，一切三世，一切眾生的憂悲苦惱，一切國土，一切聲聞、辟支佛，一切菩薩，一切菩薩眾會等也都皆為幻住，它們沒有真實、恆常與獨存的自性，一切都是因為幻性而存在。」

「善男子，如同剛才我們所說的：諸法由因緣所生，諸法當然也將由因緣所滅，既然諸法由因緣生，由因緣滅，那麼它們豈非也是幻住？」

「善男子，這種幻境的自性真是不可思議呀！我們一切世間所有的眾生，實際上是住於幻境，無實無虛，沒有情識可言而不自知呢？」

「善男子，我們也只知道這個『菩薩幻住解脫門』而已，像那些大菩薩們能入無邊幻網，如此的大功德行，我們如何能知能說呢？」

善財童子聽過了這個緣生幻性不可思議的境界之後，不由得身心都變得柔軟舒暢了。

姊弟倆這時又說：「善男子，在南方海岸國的大莊嚴園，那是彌勒菩薩的本鄉，有一個毘盧遮那莊嚴藏樓閣，彌勒菩薩就在那裡弘法呢！」

「善男子，彌勒菩薩為了教化父母、兄弟、眷屬、人民，為了教化同修同行的眾生，也為了準備要為你顯示菩薩解脫門等諸菩薩行，常住在樓閣裡不停地弘法，你就往他那裡去請問吧！」

「善男子，彌勒菩薩已通達一切菩薩行，了知一切眾生心，已滿一切波羅蜜，已住一切菩薩地，已證一切菩薩忍，已入一切菩薩位，已遊一切菩薩境，已得一切佛神力，已蒙一切如來以一切智及甘露法水，為他灌頂，他的功德如何，可想而知。」

「善男子，這位彌勒菩薩能夠潤澤你的善根，增長你的菩提心，堅定你的心志，增益你的善心，助長你的菩薩根，顯示你無礙法，使你入普賢地，為你講述菩薩願、普賢行，及一切菩薩行願所成的功德。」

「善男子，一個修習菩薩道的行者，千萬不能以修一善、行一行、照一法、發一願、得一記、住一忍為滿足，他必須要普修一切菩薩行，普化一切眾生，普淨一切佛剎，普滿一切願，普供一切佛，普事一切善知識，也唯有發如此的弘願，修如此的普賢行，才能日起有功，時時進步。」

「善男子，說到善知識對我們的影響，可謂至大且鉅，至重至要，我們可以說菩薩的一切功德都從善知識來。善知識就像慈母，他能生出佛種；就像慈父，能給予我們廣大利益；就像乳母，能守護你，不讓你作壞事；像教師，能顯示菩薩所學；像善導，能顯示波羅蜜道；像良醫，能治煩惱諸病；像雪山，能增長一切智藥；像勇將，能殄除一切怖畏；像船師，能指引你馳入智慧寶洲。」

總而言之，善知識能增長你的善根，善知識是佛法器，像江河能吞納眾流；善知識是功德處，像大海能出生眾寶；善知識是淨菩提心，像猛火能鍊真金；善知識是出過世法，像須彌山出於大海；善知識是不染世法，像蓮花出污泥而不染；善知識能不受諸惡，像大海不宿死屍；善知識能照明法界，像日光遍照四天下；善知識能長菩薩身，像父母養育兒女。」

「善男子，讓我再說一遍：一個修習菩薩道的行者，他的一切菩薩行、菩薩波羅蜜、菩薩地、菩薩忍、菩薩總持門、菩薩三昧門、菩薩神通智、菩薩回向、菩薩願及菩薩成就佛法，都非要藉助於善知識們的引導不可！從這裡你就可以知道應該要如何的敬順善知識，承事善知識了！」

善財童子聽到善知識們具有如此的功德，能開示無量的菩薩妙行，成就無量的廣大佛法，心裡更加對善知識們產生敬仰與嚮往。這時，他的心充滿了無量的法喜，也充滿了對德生童子與有德童女的感激之情，他再三向他們頂禮右繞，又殷勤瞻仰了許久，才向南方海岸國彌勒菩薩的住處，一步一步地走去。

第五十一參

彌勒菩薩

在前往彌勒菩薩的本鄉——海岸國大莊嚴園的途中，善財童子不住地想起自己往世的缺點實在太多：像對於善知識不修禮敬、身心不淨、作諸惡業、起諸妄想、所修諸行都是為了自身、起邪思念等等都是。

再回頭看看自己的身體，又是生老病死苦惱的淵藪，不禁生起懺悔的心念；他想到唯有盡未來劫，勤修菩薩道，努力教化眾生，見諸如來以成就佛法，加上遊行一切佛剎，承事一切法師，住持一切佛教，尋求一切法侶，見一切善知識，庶幾才能彌補前愆。

當善財童子的心中生出如此懺悔的心念時，在不知不覺之中，已經增長出無量的善根，憑著這個心念，對於一切的菩薩也生出深信尊重的心，也生出稀有讚歎的心，同時，他又得到『清淨智光明眼』，能夠見一切菩薩的所行境界，他的心已普入十方剎網，他的願也普遍虛空法界。

善財童子以這樣的尊重，這樣的供養，這樣的稱讚、觀察、願力、想念，這樣的無量智慧境界，漸漸遊行到海岸國大莊嚴園的毘盧遮那莊嚴藏大樓閣前。

善財童子一到樓閣前，就五體投地的對它禮拜，以深刻的信解力，廣大的願力來瞻仰它，因為這是如來，這是菩薩，這是善知識，這是父母，這是一切聖眾的福田，它是多麼地值得禮敬。

善財童子更仔細地觀察它：它像虛空一樣地無量無邊，像法界一樣地沒有障礙，像如來一樣地沒有分別；一切如影、如夢、如像、如響，一切由緣生起，沒有生遞興謝，都是隨緣流轉。

從觀察中善財童子明了一切報都從業起，一切果都從因起，一切業都從習起，一切佛的興起都從信起，一切化佛都從敬心起，一切佛法都從善根起，一切化身都從方便起，一切佛事都從大願起，一切菩薩所修諸行都從回向起，一切廣大莊嚴的法界都從智境界起。就這樣知道了這一切都是緣起法之後，也就離了斷見，常見、無因見、顛倒見、自在見、自他見、邊執見、往來見、有無見，了達一切法的空、無生、不自在，由願力出生，而超越一切相，直到契入無相的境界。

雖然如此，但這並不是就漠視一切法，否定一切法的存在，因為一切法如種生芽，如印生文，如鏡中像，知有聲便有響，有境便有夢，它是由因生果，由業受報，點滴存在，絲毫不漏。

善財童子在這樣的觀察中，得到了不可思議的善根，流注入整個身心，使它倍覺清涼柔軟。

於是他從地面站起，目不轉睛地一心瞻仰，合著掌，圍繞了它許多匝，又仔細注目地觀察整個樓閣，從它外表的宏偉、莊嚴、清淨看起來，可以知道它一定是具有一切諸功德的佛菩薩聖者的住處，心裡更是產生歡喜與讚歎之情。

這時善財童子一心想：如果能夠立刻見到彌勒菩薩，向他親近供養那該多好！正思惟間，他果然看見彌勒菩薩從遠遠的地方歸來，有無數的天、龍、夜叉、乾闥婆、阿修羅、迦樓羅、緊那羅、摩睺羅伽王，及彌勒本鄉無數的眷屬、婆羅門及眾生，前後圍繞著他，一起向樓閣走來。

善財童子歡欣地立刻五體投地，向彌勒菩薩頂禮著說：「大聖，我已發了菩提心，但不知道菩薩應該怎麼樣學菩薩行，修菩薩道，才能隨時利用它所修學的功德，度脫一切眾生？才能完成所發的大願與所起的諸行？才能安慰一切人天，不致於對不住自己，對不住三寶，使能續佛慧命，承擔如來家業，唯望大聖慈悲，有所教我！」

這時，彌勒菩薩指著善財童子，告訴大眾說：「諸位仁者，這位就是善財童子，他從前為了求菩薩行，在福城受到文殊菩薩的指導，精進不懈地參訪善知識，經過千山萬水，歷盡無數的艱難險巇，心志還是像金剛鑽一樣地堅固。今天他終於來到我這裡，屈指算來，已經參訪過一百一十位善知識（註：見《大方廣佛華嚴經》卷第七十八，〈入法界品〉第三十九之十九。）了。在這漫長的參訪途中，他精進不懈，勇往直前，遇到無數的挫折，仍然堅定不移。」

「諸位仁者，這位善財童子，像一位勇猛的戰士，坐著大乘大慧的寶車，披著大悲的盔甲，踏上大精進波羅蜜行的征途，抱著大慈心去救護眾生；他又像大商主引導眾生，坐著大法船橫渡生死海，在寶洲的大道上，採集妙法的珍寶。」

「諸位仁者，像這樣有為的行者，真是難聞難見，難得和他親近、同居及共行，為什麼呢？因為這位行者為了救護一切眾生，使一切眾生解脫痛苦，超越惡趣，離諸險難，破無明暗，出生死野，而盡心盡力，夙夜匪懈。這位行者又為漂泊者造大法船，為沉溺者立大法橋，為被痴暗所迷的人燃大智燈，為行生死曠野的人開示聖道，為罹煩惱重病的人調和法藥，為遭生、老、死、苦的人飲以甘露，為入貪、恚、痴火的人澆下清涼的法水，為繫牢獄的人賜以懺悔的機會，為遇險難的人導向安穩的處所，為墮惡趣的人授以慈悲的援手，為近惡友的人介紹善友，為樂凡法的人誨以聖法，為著生死的人趣入一切智城。」

「諸位仁者，這位行者就是常以這樣的心懷去救護眾生，他發菩提心未嘗休息，求大乘道不曾懈怠，飲諸法水不生厭足，修菩薩行不捨精進，見善知識若飢若渴，事善知識身不疲懈，聞善知識所有教誨，不曾違逆。」

「諸位仁者，能夠發菩提心的人，已經是世間少有了！像善財童子他發了菩提心，又能如此的精進不懈，更是世間少有！他又能如此的求菩薩道，淨菩薩行；又能如此的承事善知識，順從善知識的教誨；又能如此的堅固修行，集菩提分，不求一切名聞利養，不捨菩薩純一之心；又能如此的不樂家宅，不著欲樂，不戀親屬、宮殿、財產，但樂於追求菩薩的法侶；又能如此的不顧身命，勤修一切智道，真是難上加難。」

「諸位仁者，像這樣的行願，在一般的菩薩要經歷很久劫才能完成的，這位行者在這一生內就能完成了。」

善財童子聽了彌勒菩薩對他如此的稱讚與勉勵，心中更加堅固勤奮的信念，此時使在會中的無量百千眾生，心嚮往之，也一起同發菩提心。

彌勒菩薩歡喜地接著說：「善男子，你問到菩薩應該怎樣學菩薩行，修菩薩道，現在可以進入這個毘盧遮那莊嚴大樓閣中觀察一遍，一切就能不言而喻了！」

善財童子以恭敬的心，又右繞了彌勒菩薩幾匝後，回答說：「這真是太好了！希望大聖把樓閣的門打開，讓我進去瞻仰！」

當善財童子說完了這句話，彌勒菩薩隨即伸手在樓閣的門上彈指了幾下，伊呀的一聲，閣門自然的敞開了！

善財童子這時歡歡喜喜地進入，靜靜地觀察，他看到這個莊嚴藏的樓閣中，竟和虛空一樣的廣博無量。從基地起，包括所有的門窗、階道、欄杆、道路、宮殿都是由七寶構成的。幢幡、寶蓋燦爛奪目，臨風搖曳。眾寶瓔珞、真珠瓔珞、赤真珠瓔珞、師子珠瓔珞，處處垂下。還有那無數的繒帶、寶網、寶鐸、天寶鬘帶、眾寶香爐、寶鏡、寶燈、寶衣、寶帳、寶座作為嚴飾；無數的閻浮檀金童女像、雜寶諸形像、妙寶菩薩像等處處充遍。無數的飛鳥吐出雅音；無數的寶優鉢羅花、寶波頭摩花、寶拘物頭花、寶芬陀利花散布四方；無數的寶樹次第排列；無數的摩尼寶大放光明。

又在這個大樓閣中，看到有無量百千的微妙樓閣散布在每一個角落，每一個樓閣的陳設與莊嚴又和大樓閣相似，有說不盡的廣博嚴麗和虛空一樣，但又彼此不相障礙，個個條分縷析，毫不雜亂。

善財童子從每一個地方，可以看到一切地方的景象，從一切地方又可看到每一個地方的景象。他看到毘盧遮那莊嚴藏的樓閣中，這種不可思議的自在境界，心中非常歡喜，這一歡喜，身心都變得柔和了！頃刻之間，他所有的一切妄想，一切障礙，一切迷惑也都消逝得無影無蹤，代之而起的是所見不忘，所聞能憶，所思不亂，入於無礙的解脫妙諦。善財童子這才又再次頂禮，並且以彌勒菩薩的威神之力，看到自己的身體，遍布在一切的樓閣之中，窺見了種種不可思議的自在境界。他看到彌勒菩薩初發菩提心，證得慈心三昧，修諸妙行，成滿一切諸波羅蜜，成就清淨國土，護持如來正教，承受如來授記，也看到彌勒菩薩隨類應化，作轉輪王、天王的情形；又看到彌勒菩薩為無數的龍王、夜叉、羅剎王、乾闥婆、緊那羅王、阿修羅、迦樓羅、摩睺羅伽諸王及人、非人等，乃至聲聞、緣覺，從初發心至一生所繫已灌頂的菩薩眾演說妙法。

同時善財童子又看到彌勒菩薩的精進修行：在百千年中經行、讀誦、寫經、觀察諸法的實相，為大眾說法；也看到修種種禪定三昧，以神通現身說法的修持經過。除了看到彌勒菩薩的廣大行願之外，他又看到諸佛的家族、種姓、形貌、剎劫、名號、道場眾會的種種不同，都看得清楚明瞭。

在無量的樓閣中，善財童子又看到有一座更高大、更莊嚴的樓閣中，蘊藏著三千世界百億四天下、百億兜率陀天中，都有彌勒菩薩顯現出降世誕生，釋梵天王手捧頂戴、遊行七步、大師子吼、觀察十方、現為童子、居處宮殿、遊戲園苑、為一切智、出家修行、示受乳糜、往詣道場、降伏諸魔、成等正覺、梵王勸請、轉正法輪、劫數壽量、眾會莊嚴、所淨國土、所修行願、教化成熟、方便眾生、分布舍利、住持教化的情形。

善財童子又看到在所有的樓閣中，一切的寶網、寶鈴、寶鐸等無數的樂器，演暢出不可思議的微妙法音，說種種的妙法，或說菩薩發菩提心，或說修行波羅蜜行，或說諸願、諸地，或說恭敬供養如來，或說莊嚴諸佛國土，或說諸佛說法的種種差別，使善財童子聽了通身舒暢，歡欣愉悅。

又從諸樓閣由眾寶所莊嚴的四壁中，善財童子看到彌勒菩薩在累劫修行菩薩道時，或施頭目，或施手足、唇舌、牙齒、耳鼻、血肉、皮膚、骨髓，乃至城邑、聚落、國土、王位，凡是眾生所需而能施能捨的，彌勒菩薩無不歡喜施捨。他令處繫牢獄者得到出離，有疾病者得到救療，為入邪徑者指示正道；有時化為馬王救護惡難，化為大仙善說諸論，化為輪王勸修十善，化為醫王善療眾病；或作聲聞、或作緣覺、或作菩薩，教化調伏一切眾生；或為法師奉行佛教，受持讀誦；或見坐於師子之座而廣演妙法，勸諸眾生，安住十善，一心歸向佛、法、僧三寶，受持五戒及八齋戒，並能出家聽法，受持讀誦，如法修行。接著又看到彌勒菩薩從百千億那由他阿僧祇劫，修行諸度的一切色相；又見彌勒菩薩在他所曾承事的諸善知識中，親近供養，信受奉行，以至於住在灌頂之地的情形，一切都在善財童子的十方清淨眼，及彌勒菩薩的神力庇護中看得了然透徹。

這時，彌勒菩薩即以神力出現在樓閣之中，又彈指作聲，告訴善財童子說：「善男子，法性本來莫不如此，這一切如夢、如幻、如影、如像，都只是諸法因緣所聚集的幻相而已！」

善財童子聽到彌勒菩薩的這一彈指聲，立即從定中出來。彌勒菩薩這時又告訴他說：「善男子，你從菩薩不可思議的自在解脫中，享受三昧喜樂，能夠看見菩薩的神力、助道以及願智；並在上妙莊嚴的宮殿中，看到菩薩行，聞到菩薩法，得知菩薩德，了悟了如來的本願，這些你都看見了嗎？」

善財童子說：「是的，大聖，感謝大聖威神之力的加持，這些我都看見了！大聖，這是什麼法門呢？」

彌勒菩薩說：「這叫做『三世一切境界不忘念智莊嚴藏解脫門』，在這個解脫門中，又有不可說不可說的解脫門，是一生菩薩之所能證得！」

善財童子又問：「大聖，剛才所見到一切莊嚴的景象，忽然而來，又忽然而去，現在不知道究竟到那裡去了？」

彌勒菩薩說：「善男子，它是從那裡來，就向那裡去呢！」

善財童子聽了仍然不能盡解，沉思了一會兒又說：「大聖，這到底是從那裡來呢？」

彌勒菩薩說：「從菩薩的智慧神力中來，依菩薩智慧神力而住，它沒有去處，也沒有住處，它是非集非常，遠離一切。」

「善男子，這一切的莊嚴景象也是不住於內，也不住於外，但憑菩薩的威神之力，以及你的善根之力，才能看到罷了！」

「善男子，這又好比幻師在作幻事一樣，沒有來處，也沒有去處，一切不過因幻師的幻力所由起。這裡一切的莊嚴景象，也莫不如此，沒有從來，也沒有所去，雖無來去，只是以慣習不可思議的幻智力及往昔的大願力所顯現而已。」

善財童子聽了這緣起如幻的奧義，他想再作更深一層的探討，說：「那麼請問大聖，您又是從何處而來呢？」

彌勒菩薩說：「善男子，諸菩薩皆是無來無去，無行無住，沒有處所，也沒有著落，不生也不死，無業也無報，不起也不滅，不斷也不常。但是我就在無來無去，不斷不常中來，也在無來無去，不斷不常中去。」

「善男子，菩薩的來去，本無實性可言，但是我們可以說，他從救護眾生的大慈悲來；從隨其所樂的淨戒，願力所持的大願，隨處化現的神通，不捨不離一切佛的心念，身心不為外界所奴役的無取捨，隨順眾生的智慧方便，影像變化的化身中來。」

「善男子，如果你還要我說得具體一點，那我便要告訴你，我從本生處的摩羅提國而來。摩羅提國有一個拘吒的聚落，那裡有一位長者的兒子名叫瞿波羅，為了度化他，使他進入佛法，我就常住在那裡。我又為本生處的一切人民、父母、眷屬、婆羅門等演說大乘法，所以就住在那裡，也從那裡來。」

善財童子說：「大聖，您剛才說您從本生處來，不知大聖的生處又是怎樣的一個地方？」

彌勒菩薩說：「善男子，在某種因緣的促成之下，便有菩薩的產生，這某種因緣就是菩薩的生處了；進一步說，它就是菩提心、深心、諸地、大願、大悲、如理觀察、大乘、教化眾生、智慧方便、修行一切法等十種。更進一步說，菩薩以般若波羅蜜為母，方便善巧為父，檀波羅蜜為乳母，尸波羅蜜為養母，忍波羅蜜為莊嚴具，勤波羅蜜為養育者，禪波羅蜜為浣濯人，善知識為教授師，一切菩提分為伴侶，一切善法為眷屬，一切菩薩為兄弟，菩提心為家，如理修行為家法，諸地為家處，諸忍為家族，大願為家教，滿足諸行為順家法，勸發大乘為紹家業，法水灌頂一生所繫菩薩為王太子，成就菩提為能淨家族。」

「善男子，菩薩就是這樣的超凡入聖，生在如來家中，能使三寶源遠流長，能守護菩薩種族，使家門清淨沒有過錯，常受一切世間天、人甚至魔界恭敬讚歎。」

「善男子，菩薩就是生在這樣尊貴的家庭，他能知道一切法如影如化，不再厭離世間，也不再染著。他又知道一切法是無我的，所以能夠以慈悲的心懷去教化眾生而不覺得勞苦厭倦。他知道生死如夢，五蘊如幻，因此在生死中長期修行而不憂不畏。他知諸界與法界一樣，本來無所壞滅；也知一切想如焰如幻，不致在歷盡諸趣的生死流轉中，妄想顛倒。他超越魔王的境界，得了清淨法身，一切煩惱不能欺誑他，能夠在諸趣中獲得無邊無涯的通達與自在。」

「善男子，我就是這樣的得到清淨法身，遍一切法界，現出一切眾生的色相，以及他們的音聲、名號、威儀、受生、事業與思想，以便隨順世間去調伏教化他們。」

「善男子，我更是為了度化往昔與我同修，現在失卻菩提心的行者；也為了教化父母、親屬、婆羅門，使他們不存著種族的優越感，才生在這個閻浮提摩羅提國拘吒聚落的婆羅門家中。」

「善男子，我住在這個大樓閣中，隨機教化眾生，也為了要教化兜率天的同行者；為了要表現菩薩的福德與智慧；為了要使天人厭離欲樂，使他們知道有為法終究無常，有盛終必有衰；又為了要攝化同修者，要與一生菩薩共談妙法；為了要教化釋迦牟尼佛所派遣來的學人，像蓮花盛開一樣的開悟，我在這裡命終之後，將要轉生到兜率天上。」

「善男子，將來我的心願已了，在下生成佛的時候，你和文殊菩薩都要與我相見的！」

「善男子，現在你應當回去參謁文殊菩薩，去向他請教應如何學菩薩行，應如何入普賢行門，要如何成就，如何廣大，如何隨順、清淨與圓滿。文殊菩薩一定會如你所願，分別為你演說。為什麼呢？因為文殊菩薩所有的大願，並不是無量百千億那由他菩薩所能擁有。」

「善男子，文殊師利童子，他的大行大願，真是廣大無邊，他是無量百千億那由他諸佛的母親，也是無量百千億那由他菩薩的教師。他教化成熟一切眾生而名滿十方世界，常在一切諸佛中，為幫助他們教化眾生而充任說法師，為一切如來之所讚歎。他有甚深的智慧，能夠如實的普見一切諸法，通達一切解脫境界，究竟普賢所行的諸行。」

「善男子，文殊師利童子是你的善知識，他使你得生如來家，能夠長養一切善根，普修一切功德，普入一切大願，能為你演說一切菩薩的祕密法，現出一切菩薩難思難行，而能思能行的大法。」

「善男子，你快快去參謁文殊菩薩吧！他一定會為你宣說一切大功德行，你以前所參訪過的那些諸善知識，所聞的那些菩薩行，所入的那些解脫門，所滿足的那些大願，都是仰仗文殊菩薩的威神之力才能夠得到的。文殊菩薩能幫助你在一切處中，獲得究竟圓滿。」

善財童子聽到彌勒菩薩對他如此的鼓勵，滿懷欣悅，他以極虔誠的心，再三向他頂禮瞻仰，又繞了無數匝，方才踏上回鄉的路途。

第五十二參

文殊菩薩

承受著彌勒菩薩的教誨，懷著一顆喜悅的心，善財童子經過一百一十餘城，終於來到普門國的蘇摩那城了。現在善財童子已經依偎在普門國蘇摩那城的門邊了，他感覺到這個城門是多麼地親切。

善財童子在這裡靜靜地想：自從我在福城東方的莊嚴幢娑羅林大塔廟前，參加文殊菩薩法會的時候，受到文殊菩薩的鼓勵，就立定參究佛法的決心，於是才遊歷了一百一十城，參訪了一百一十位善知識。從這天起，為了實現自己的信願，一點一滴的累積了許許多多善知識對自己所作的教誨而能深信不疑，力行實踐，飲水思源，這些都要感謝文殊菩薩的接引。

這時，善財童子想要覲見文殊菩薩的心，是更加迫切了！

頓時，文殊菩薩從遙遠的地方伸出右手，經過一百一十由旬來到蘇摩那城邊，撫摩著善財童子的頂上說：「善男子，佛法的基本最初立於信根上，假若離開了信根，失去了基本，那麼它的身心憂悔，不能具備任何的功行，失去勇猛的精進力，如果在這時候，僅憑所修的一點功德，所種的一些善根，便自以為滿足，不能繼續發更大的行願去力行實踐，這些人是很難獲得善知識們的攝護及憶念的，因為這些人對於自己所知的法性，所悟的理趣，所修的法門，所行的諸行，所住的境界，其實還是不能真正了解，何況還要去作進一步的趣入、解說、分別、證知與獲得呢？」

當文殊師利菩薩向善財童子宣說這樣的教法時，善財童子茅塞頓開，立即成就了眾多的法門，具足無量的大智光明，獲得菩薩無邊際陀羅尼、無邊際願、無邊際三昧、無邊際神通與無邊際智，踏入普賢行願的菩提場，置於自身的住處了。可是文殊師利菩薩依然遠攝不現。

於是善財童子靜靜的思惟、觀察，一心想見文殊菩薩及三千大千世界微塵數的諸善知識，希望都能親近供養，恭敬承事，接受他們的教誨，以增長智慧，廣大悲海，擴充慈雲，普觀眾生，生大歡喜，安住菩薩寂靜法門，普緣一切廣大境界，學一切佛的廣大功德，入一切佛的決定知見，增一切智助道之法，修一切菩薩的深心，知三世佛的出興次第，入一切法海，轉一切法輪，生一切世間，入於一切菩薩願海，住一切劫，修菩薩行，照明一切如來境界，長養一切菩薩諸根，獲一切智的清淨光明，以期能夠普照十方，除諸暗障，入無礙法，住於法界平等之地，得以觀察普賢解脫的境界。

第五十三參

普賢菩薩

當善財童子在普賢行願的菩提場中，一心觀察普賢解脫境界的時候，他聞得普賢菩薩的名號、行願，普賢菩薩的助道、正道，以及諸地前的方便、入地，趣入後的勝進行、住地，每地所修習的境界與威力。

這時善財童子是多麼渴望覲見普賢菩薩，於是他就在這個金剛藏菩薩場毘盧遮那如來師子座前的一切寶蓮華藏座上，生起和虛空一般的廣大心，捨離一切剎、一切著的無礙心，普行一切無礙法的無礙心，遍入一切十方海的無礙心，普入一切智境界的清淨心，觀道場莊嚴的明了心，入一切佛法海的廣大心，化一切眾生界的周遍心，淨一切國土的無量心，住一切劫的無盡心，趣如來十力的究竟心。

當善財童子的心中生起這樣的信念時，由於自己的善根力，一切如來的加被力，及藉著普賢菩薩的同善根力，使他看到普賢淨土的瑞相與光明。在這些瑞相與光明的境界中，他看到在一切清淨的佛剎中，有如來成正覺；在佛土中沒有惡道，純淨得像蓮花一樣；地上滿是眾寶的莊嚴，空中覆蓋著莊嚴的雲彩；還有那莊嚴的道場，莊嚴的眾生，彼此慈和歡樂，爭相利益對方，不會互相殘害，因為彼此只有一顆共同的心，那就是念佛、念法與念僧。

善財童子欣見如此不可思議的境界，心中突然生起一個堅決而充滿自信的念頭：我今天必定能夠見到普賢菩薩了。我要以大精進的心，觀察十方一切諸佛菩薩所見的境界，皆作得見普賢之想；我要以智慧眼，觀察普賢之道；我的心廣大無邊，猶如虛空；我的心大悲堅固，猶如金剛，願盡未來之際追隨普賢菩薩，念念隨順以修普賢行，成就無涯的智慧，以入如來境界，使能常住普賢地。

由於善財童子的至誠，果然立刻見到普賢菩薩在如來前的眾會之中，坐在寶蓮華師子座上，他在眾菩薩的圍繞中，顯得最為殊特，他的智慧境界無量無邊，真是難測難思。

這時，善財童子又從普賢菩薩身上的一一毛孔中，看到放出無數的光明，照遍了無量的法界及虛空界，在一切世界中，除滅眾生的苦患，使他們生長出菩薩的善根。這無數的光明，又遍布在一切如來的眾會道場中，飄散著微妙莊嚴的香雲、香花、妙衣、摩尼寶。又在光明中流出無數讚歎菩提心的色界天，勸諸如來轉妙法輪的梵天，護持佛法的欲界天。又在法界及虛空界中生出佛剎，使眾生無歸趣者作歸趣，無覆護者作覆護，無依止者作依止，無清淨者皆得清淨。又顯出無數的菩薩稱揚諸佛的功德，增長眾生的善根；或稱讚一切諸佛菩薩，從初發心所生的善根，及普賢菩薩的清淨妙行，使一切眾生修集一切智道，以便心裡得到滿足。又在一切佛土中，使菩薩初成正覺，增長大法，成一切智。

善財童子看到普賢菩薩如此自在的神通境界，身心充滿了歡喜，他再進一步的端詳，看到普賢菩薩的身上每一個毛孔中，都顯示著三千大千世界的一切景象，包括風輪、水輪、地輪、火輪、大海、江河、諸寶山、須彌、鐵圍、村營、城邑、宮殿、園苑、一切地獄、餓鬼、畜生、閻羅王界、天龍八部、人與非人、欲界、色界、無色界處、日月星宿、風雲雷電、晝夜月時、諸佛出世、菩薩眾會、道場莊嚴等形形色色的景象，都有條不紊地顯現出來。不但在這個世界，同時在十方一切佛剎的微塵世界中，也都這樣地顯現普賢菩薩的一切自在。

善財童子看到普賢菩薩這種無量無邊不可思議的大神通之力，即時獲得十種智慧：在念念中到一切佛剎、見佛、供養、聞法受持、思惟正法、知佛的大神通，得無礙辯才，以般若觀一切法，入一切法界實相，知一切眾生的心性，一切普賢的慧行皆現在前。

這時，普賢菩薩伸出右手，撫摩善財童子的頂上，這一摩，使善財童子又得了一切佛剎微塵數的三昧；這一摩，也使十方三世所有世界的善財童子，同時獲得如此的三昧。

普賢菩薩放下手說：「善男子，今天你看到了我的大自在嗎？」

「是的，我看到了，這真是不可思議的大自在神通，但這樣的境界，恐怕只有如來才能完全明白！」善財童子誠惶誠恐地說。

普賢菩薩說：「是的，善男子，這一切那裡是容易得來的呢？記得在過去不可說不可說的佛刹微塵數劫中，我為了行菩薩行曾作大布施，凡是我所有的一切財物、權位、家屬、身體，甚至生命也都施捨了。我恭恭敬敬地供養無數的如來，在那裡出家、學道、修行佛法，護持正教。」

「善男子，在這樣漫長的修持過程中，我記得從來也不曾起過一念的瞋害心、差別心、遠離菩提心、疲厭心、懶惰心、障礙心、迷惑心，我只堅定不移地修持一切智的助道法，為大菩提心而努力不懈。」

「善男子，我努力莊嚴佛土，以大悲心救護眾生，承事善知識不遺餘力，供養諸佛，弘揚正法，盡心盡力，即使鞠躬盡瘁，亦在所不惜。」

「善男子，在我所證得的正法中，沒有一字一句，不是從犧牲一切中所得來的。我所求的正法，一切都以救護眾生為第一要務，我願一切眾生都能聽到這個正法，我願以一切智光普照世間，使眾生悉得安樂，和我一起歌頌如來的所有功德。我過去的一切努力，即使盡一切劫來說，也述說不盡。」

「善男子，我就是以這樣的助道法力、諸善根力、大志樂力、修功德力、智慧眼力、佛威神力、大慈悲力、淨神通力、善知識力，修得三世平等的清淨法身，及清淨無上的色身，能夠超越世間，適應一切眾生的喜樂，在一切世界，隨時應化，隨處現身，使看到的人產生歡喜心。」

「善男子，我這個清淨無上的色身，是經過無量劫的努力修持才得來的，實在是難見難聞，絕非是那些善根微少的聲聞、菩薩所能了解的！」

「善男子，如果眾生聽到我的名字，或者是見到我的色相，觸到我的身體，迎送我的，暫時跟隨我的，夢見我的，都能不退菩提心。有憶念我的眾生，不論他是片刻或是永久的；或者看到我放光動地的，都不會再退失菩提心。」

「善男子，所有的眾生，凡是能見我清淨國土的，必能生在我清淨的國土中；能見我清淨法身的，必能生在我的清淨法身中。」

「善男子：你應該再仔細觀察我的清淨法身！」

於是善財童子又開始仔細觀察普賢菩薩的清淨法身：從他一一毛孔中，皆能看到無邊的佛剎有無數的如來在這裡出世；有無數的大菩薩在這裡共同圍繞，聆聽如來演說妙法。

又見一一毛孔的無邊佛剎中，有無邊佛的化身正在教化無量無邊的眾生，使他們發無上的菩提心。

善財童子又看到自身與普賢菩薩的清淨法身，漸漸地，在不知不覺中已融為一體，在普賢菩薩身上的十方一切世界中，共同教化眾生。

這時，他發現從前他所參訪的佛土，所親近的善知識，所得的善根、智慧與光明，比見了普賢菩薩時所得的善根、智慧與光明，簡直少之又少。

如今，善財童子已經證得普賢菩薩的廣大行願，和普賢菩薩完全平等了！不久的將來，也將和諸佛完全平等，無論是佛剎、佛行、佛的正覺、佛的神通、法輪、辯才、言詞、音聲、力無畏、佛所住、大慈悲等，這一切一切不可思議的解脫自在，也將與佛完全平等。——就像任何人只要努力再努力，都將跟著善財童子一樣，與佛完全平等。

國家圖書館出版品預行編目(CIP)資料

善財五十三參 / 鄭秀雄著. -- 六版. -- 高雄市：
佛光文化事業有限公司, 2024.08
336面；14.8X21公分. -- (藝文叢書；8004)
ISBN 978-957-457-772-9(平裝)

1.CST: 華嚴部

221.2 113008737

善財五十三參

作　　者｜鄭秀雄

總 編 輯｜滿觀法師
責任編輯｜劉芷妤
美術編輯｜鄭媄嫣

出 版 者｜佛光文化事業有限公司
出版日期｜1987 年 1 月
2024 年 8 月六版一刷
印　　刷｜中茂分色製版印刷事業股份有限公司
經　　銷｜紅螞蟻圖書有限公司
(02)27953656

流 通 處｜
佛光山文化發行部
高雄市大樹區興田路 153 號
(07)656-1921 #6664 ~ 6666
佛光山文教廣場
(07)656-1921 #6102
佛陀紀念館四給塔
高雄市大樹區統嶺路 1 號
(07)656-1921#4140 ~ 4141
佛光山海內外別分院

創 辦 人｜星雲大師
發 行 人｜心培和尚
社　　長｜滿觀法師

法律顧問｜毛英富律師、舒建中律師
登 記 證｜行政院新聞局版台省業字第862號

定價｜280 元
ISBN｜978-957-457-772-9（平裝）
書系｜藝文叢書
書號｜8004

劃撥帳號｜18889448
戶　　名｜佛光文化事業有限公司
服務專線｜
編輯部 (07)6561921 #1163 ~ 1168
發行部 (07)6561921 #6664 ~ 6666

佛光文化悅讀網｜
http://www.fgs.com.tw
佛光文化 Facebook ｜
http://www.facebook.com/fgsfgce